설민석의 **초등**

한국사 ①

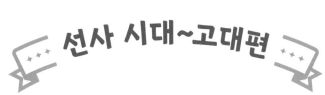

우리 아이를 둔 학부모님께

사랑하는 우리 아이를 둔 아버님, 어머님 안녕하십니까.
우리의 역사를 보다 재미있고 쉽게, 널리 알리고자 노력하고 있는
설민석입니다.

그동안 초·중등 대상 학습 교재와 강의에 대한 많은 문의가 있었습니다.
오랫동안 시장 조사와 교재 및 강의를 연구한 끝에 설민석의 오픈아이
초등 한국사 시리즈로 인사드리게 되었습니다.

교과서는 물론, 시중의 학습 교재와 강의의 장단점을 철저히 분석하여
장점은 극대화하고 단점은 최소화하였습니다.
단순히 지식만을 담아 초·중등학교 시험 대비로 그치는 것이 아니라 실제
역사 속 인물에 공감하고 하나의 사건을 다양한 시작으로 볼 수 있는 단원도
따로 구성하였습니다. 역사 논술은 물론 삶의 지혜까지 담은 훌륭한 교재를
만들려고 노력하였습니다.

학습 만화, 소설, 강연 등을 통해 전달해 드렸던 재미와 감동을
이제는 초등 학습서와 강의로 전하고자 합니다.
설민석의 오픈아이 초등 한국사를 통해 우리 아이와 함께 밝은 미래를
그려나가겠습니다.

우리아이
오픈아이
단꿈아이

1

또 다른 모험의 시작

한국사 대모험 시리즈에 등장하는 인물을
통해 우리 한국사를 공부하는 이유를
애니메이션으로 표현한 코너입니다.
한국사 대모험을 통해 가슴에 의식을
담았다면, 설민석의 오픈아이 초등 한국사는
여러분의 머릿속에 지식을 담아줄 것입니다.

2

오픈아이

베스트셀러인 한국사 대모험 시리즈의
주인공들이 시간 여행을 떠나면서 단원별
핵심 주제와 관련된 일화를 애니메이션으로
표현하였습니다.
6컷 만화가 우리 아이의 흥미를 유발하여
공부를 재미있게 할 수 있도록 도와줍니다.
강의에서는 움직이는 무빙툰 영상으로
제작되어 찾아갑니다.

③ 한판 정리

한판 정리는 초·중등 교육과정과 교과서, 한국사능력검정시험 기본편을 완벽하게 분석하여 단원별 핵심을 한눈에 볼 수 있도록 정리하였습니다. 초·중등 시험과 한국사능력김정시험에 최적화된 핵심 요약을 실제 설쌤의 강의와 함께 정리할 수 있습니다.

④ 설쌤의 한국사 스토리텔링

설쌤의 강의를 들은 후 스스로 복습할 때 이해를 돕고자, 실제 설쌤의 강의를 줄글로 옮겨 두었습니다. 현행 교과서는 역사적 사실을 짧고 간결하게 서술하고 있습니다. 그래서 우리 아이가 학교 교과서로 공부할 때 이해하기 어려운 부분을 설민석의 오픈아이 초등 한국사에서 모두 풀어 설명해 드립니다. 실제 설쌤의 음성 지원 효과와 함께 학습할 수 있습니다.

이 책의 구성과 특징

5

자료보기

초·중등 교과서와 한국사능력검정시험에 나오는 자료 중 현행 교육과정에서 다루는 필수적인 자료를 수록하였습니다. 또한 우리 아이의 흥미를 높이고자 단원별 핵심 장면을 애니메이션 형식으로 넣었습니다. 단순히 자료를 확인하는 것이 아닌, 설쌤의 강의를 들으며 함께 살펴볼 수 있습니다.

개념 정리를 넘어 필수 자료까지 설민석의 오픈아이 초등 한국사를 통해 정리해 보세요.

6

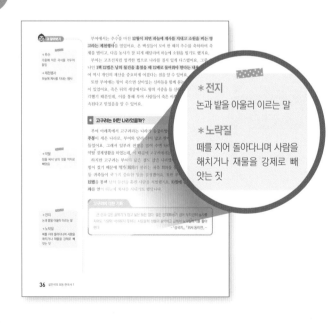

더 알아보기

한국사 공부를 어렵게 하는 생소한 단어에 대한 설명을 풀어서 설명해줍니다. 또한, 이해를 돕기 위한 추가 자료(역사적 사료, 사진 자료 등)를 수록하여 우리 아이가 학습하는데 큰 도움을 줄 것입니다.

7

초능력 온달 O, X 퀴즈

초등학교·중학교 교육과정에 명시된 핵심 주제를 바탕으로, 실제 학교 시험에 나오는 중요한 포인트를 O, X 퀴즈 형식으로 제작하였습니다.

초능력 평강 퀴즈

실제 학교 시험 문제와 동일한 유형과 난이도로 제작한 초능력 평강 퀴즈는 우리 아이가 학교 시험을 대비할 수 있도록 도와줍니다.

8

초능력 Level up 문제

단원별 학습 내용을 바탕으로 자체 제작한 객관식, 주관식 문제를 풀어보며 개념을 되짚어 볼 수 있습니다. 또한, 실제 한국사능력검정시험 문제를 풀어보며 시험에 대한 실전 감각을 높일 수 있도록 도와드립니다.

9

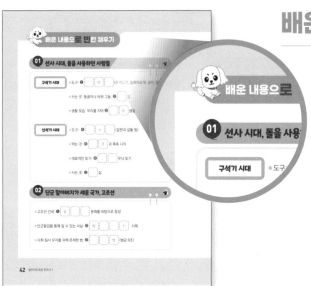

배운 내용으로 빈칸 채우기

대단원이 마무리될 때, 앞서 배운 핵심 개념에 대한 빈칸 채우기를 하며 내용을 되짚어 볼 수 있습니다.

단순히 읽고 끝나지 않도록, 머릿속에 지식을 채워 넣을 수 있는 복습의 기회를 제공해 드립니다.

10

설쌤의 지식 오픈!

배운 대단원과 관련된 인문학 지식을 소개하고 그와 관련된 생각을 자유롭게 적어볼 수 있습니다.

현행 교육과정에서는 알기 어려운 다양한 역사 관련 이야기가 수록되어 있습니다.

설쌤의 지식 오픈을 통해 우리 아이의 인문학적 지식을 넓혀 드립니다.

11

역사논술

지식의 습득도 중요하지만, 사고력을
높이는 것도 중요합니다.
역사논술 코너는 역사적 사실을 바탕으로
우리 아이의 생각을 논리적으로 서술할 수
있는 능력을 길러 줄 것입니다.

12

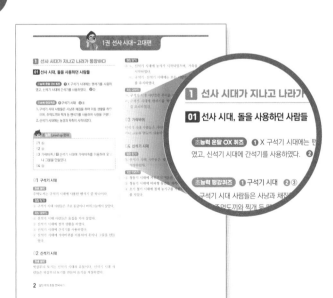

정답과 해설

퀴즈와 문제는 정답을 맞혔다고 하더라도
우리 아이가 정확하게 알고 풀었는지 한 번 더
확인해보아야 합니다.
친절한 해설을 통해 이해되지 않았던 부분도
완벽히 이해하여 내 것으로 만들 수 있도록
도와줍니다.

이 책의 차례

1권 선사 시대~고대편

3 서로 다른 문화를 꽃피우며 살아가다

정답과 해설

황대감은 온달에게 문제를 내도록 하라!

온달아, 삼국을 통일한 국가는 어떤 국가인지 아느냐?

누굴 진짜 바보로 아세요? 당연히 신라죠!

이래도 온달이가 바보인가?

아니..아직 제 문제는 끝나지 않았습니다.

그래? 계속해 보거라.

통일 신라의 왕으로서 만파식적으로 유명한 왕의 이름과 그의 업적을 나열해 보거라.

네? 그건 아직 한국사 대모험에서 겪지 않은 이야기인데…

한국사 대모험에 없었어도, 알아두어야 한단 말이다!

잠깐만요, 아버지! 온달의 가슴은 역사의식으로 가득 찼지만, 아직 머릿속의 지식이 부족하다면, 설쌤과 공부하고 올 테니 그땐 허락해 주세요!

좋다! 공부하고 오면 반드시 시험을 치를 것이다.

설쌤! 이번에도 함께 해 주실 거죠?

물론! 이번엔 머릿속에 지식을 담아주마!

네! 설쌤과 함께라면 우린 승리할 거예요!

1 " 선사 시대가 지나고 나라가 등장하다 "

오픈아이

한판 정리

구석기와 신석기 시대의 생활 모습

	구석기 시대	신석기 시대
도구	• 뗀석기 : 주먹도끼, 슴베찌르개, 긁개, 밀개	• 간석기 : 갈판과 갈돌 등
먹는 것	• 사냥과 열매 따기 • 물고기 잡이	• 농경과 목축 시작 • 토기 : 빗살무늬 토기
입는 것	• 짐승 가죽	• 가락바퀴 사용 : 실을 뽑음 • 뼈바늘 사용 : 옷이나 그물 제작
사는 곳	• 동굴이나 바위 그늘 • 막집	• 움집
생활 모습	• 무리 지어 이동생활 • 평등 사회	• 정착 생활 • 평등 사회

구석기 시대의 모습에 대해 알아봅시다

▲ 주먹도끼

▲ 슴베찌르개

우리나라에서 발견된 주먹도끼가 역사를 바꾸다

1948년 미국의 고고학자이자 하버드 대학교 교수인 모비우스는 주먹도끼가 발견되는 지역은 인도를 기준으로 서쪽인 유럽, 아프리카, 서아시아 지역뿐이라고 주장하였어요. 이는 주먹도끼가 발견되지 않는 동아시아 지역이 유럽, 아프리카, 서아시아 지역보다 구석기 시대의 시작이 늦었음을 의미했고, 전 세계 사람들은 그의 주장을 사실로 믿고 있었답니다. 그런데 놀랍게도 우리나라 연천 전곡리에서 동아시아 최초로 주먹도끼가 발견되면서 모비우스의 주장은 잘못된 것으로 밝혀지게 되었어요.

✳ 우리는 옛날에 일어난 일을 어떻게 알 수 있는 걸까?

우리는 태어나기도 전에 일어난 일들을 어떻게 알고 배우는 걸까요? 옛날에 살았던 누군가가 쓴 삼국사기, 조선왕조실록처럼 글자로 남겨진 기록을 보고 당시에 무슨 일이 있었는지 알 수 있어요. 이렇게 **글자를 통해 알 수 있는 시대를 '역사 시대'**라고 해요.

하지만 종이와 글자가 사용되기도 전, 옛날 옛적의 일들과 생활 모습은 당시에 썼던 물건과 사람들이 생활했던 공간 등 **여러가지 유물과 유적을 통해 짐작할 수 있어요**. 이러한 '역사 시대' 이전의 시대를 '선사 시대'라고 한답니다.

✳ 구석기 시대 사람들은 어떤 도구를 사용하였을까?

선사 시대는 '어떤 도구를 사용하느냐'에 따라 나뉘어요.

지금으로부터 **약 70만 년 전**, 사람들은 돌로 도구를 만들기 시작했어요. 돌을 깨뜨리거나 쪼개고, 떼어 내서 만드는 것을 **뗀석기**라고 하는데, 이런 **뗀석기를 사용했던 시대를 구석기 시대**라고 한답니다.

뗀석기에도 여러 종류가 있었어요. **주먹도끼, 슴베찌르개** 등은 사냥할 때 썼으며 긁개, 밀개 등은 음식을 만들어 먹을 때 사용했어요. 만약 구석기인이 매머드를 사냥하려고 한다면 찌르개와 긁개 중 어떤 도구를 사용할까요? 매머드를 긁어서 사냥할 수는 없으니 아마 찌르개를 사용할 거예요!

✳ 구석기 시대 사람들은 무엇을 먹고 어디에서 살았을까?

구석기 시대 사람들은 배가 고프면 뗀석기를 들고 밖으로 나가 **동물을 사 냥하거나 열매를 따서 먹었어요.** 그렇지 않은 날에는 낚시로 물고기를 잡아 불로 익혀 먹기도 했지요. 짐승이 죽고 남긴 가죽으로는 옷을 만들어 입어 몸을 보호하기도 했답니다.

하지만 사냥과 채집을 계속하자 주변에 먹을 것이 떨어져 갔어요. 그래서 구석기 시대 사람들은 한곳에 오래 머물지 않고 **무리를 지어 이동 생활**을 했 어요. 여럿이 함께 다니며 위험한 동물들로부터 자신을 보호하고, 새로운 먹 거리를 찾아 다닌 것이죠.

이동 생활을 한다는 것은 굳이 좋은 집을 지을 필요가 없다는 것을 의미했 어요. 그래서 이들은 **동굴이나 바위 그늘**에서 햇빛을 피해 살기도 했고, 마땅 한 농굴을 찾지 못하면 나무로 만든 **막집**을 지어 생활하기도 했답니다.

✳ 구석기 시대 사람들은 어떻게 생활하였을까?

이 시기에는 **무리 안의 모든 사람들이 평등**˟했어요. 서로 힘을 합쳐 동물을 사냥하고 물고기를 잡아 나누어 먹었지요. 사냥과 채집에 성공하기 위해 단 지 경험이 많거나 지혜로운 사람이 무리를 이끌었을 뿐이랍니다.

평등
지배자와 지배당하는 자의 구분 이 없었지만, 무리를 이끄는 지 도자는 존재하였어요.

신석기 시대의 모습에 대해 알아봅시다

더 알아보기

※ 신석기 시대 사람들은 어떤 도구를 사용하였을까?

시간이 흘러 지금으로부터 **약 1만 년 전**, 뗀석기를 만들어 사용하던 사람들이 생각했어요.

'돌을 갈아서 만들면 더 날카롭고 매끈한 도구를 만들 수 있지 않을까?'

그래서 사람들은 돌을 갈아 도구를 만들기 시작했는데, 이를 **간석기**라고 해요. 대표적인 간석기로는 **갈판과 갈돌**이 있어요. 우리는 간석기를 이용하던 이 시기를 **신석기 시대**라고 불러요.

▲ 갈판과 갈돌

※ 신석기 시대 사람들은 무엇을 먹었을까?

신석기 시대에는 인류의 역사를 바꾼 중요한 일이 발생했는데, 바로 사람들이 **농사를 짓기 시작**한 거예요. 어쩌다 땅에 씨앗이 하나 떨어졌는데 거기에서 새싹이 자라고, 그 새싹에서 곡식과 열매가 자란다는 사실을 알아차린 거였죠!

열심히 농사를 지어 생산물[*]을 수확[*]하자 이를 조리하고 저장할 그릇이 필요해졌어요. 그래서 신석기 시대 사람들은 흙으로 만든 그릇인 토기를 사용했는데, 대표적으로 **빗살무늬 토기**가 있답니다.

▲ 빗살무늬 토기

▲ 농경과 목축

＊생산물
만들어지는 물건(신석기 시대의 생산물은 조, 수수와 같은 잡곡이 있음)

＊수확
익은 농작물을 거두어들임

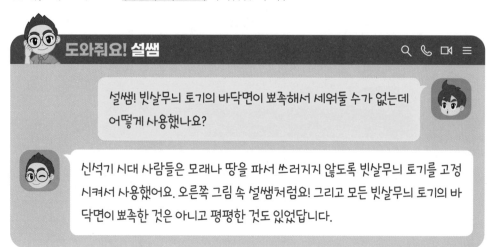

도와줘요! 설쌤

설쌤! 빗살무늬 토기의 바닥면이 뾰족해서 세워둘 수가 없는데 어떻게 사용했나요?

신석기 시대 사람들은 모래나 땅을 파서 쓰러지지 않도록 빗살무늬 토기를 고정시켜서 사용했어요. 오른쪽 그림 속 설쌤처럼요! 그리고 모든 빗살무늬 토기의 바닥면이 뾰족한 것은 아니고 평평한 것도 있었답니다.

또한 날씨가 따뜻해지자 동물들이 작고 빨라져 사냥하기가 힘들었어요. 그래서 신석기 시대 사람들은 사냥 대신에 동물을 직접 길러 잡아먹어야겠다는 생각으로 **목축을 시작**하기도 했어요.

✳ 신석기 시대 사람들은 어디에서 살았을까?

이렇게 사람들이 땅을 일궈 농사를 짓고 가축을 기르기 시작하자 더 이상 예전처럼 먹거리를 찾아 이동할 필요가 없어졌어요. 그래서 이때 해안가 주변에 모여 한곳에 오랫동안 살아가는 **정착 생활**이 시작되었어요.

정착 생활이 시작되자 동굴이나 막집에 살기에는 너무 불편해졌어요. 그래서 신석기 시대 사람들은 땅을 파서 바닥을 탄탄하게 만든 후, 기둥을 세워 짚이나 풀로 덮어 만든 **움집**을 지어 생활했답니다.

▲ 움집

✳ 신석기 시대 사람들은 무엇을 입었을까?

구석기 시대와 달리 신석기 시대 사람들은 **가락바퀴라는 도구로 실을 엮어 옷을 만들어 입었어요.** 가락바퀴의 가운데 구멍에 막대를 끼우고 식물에서 나온 섬유를 돌돌 꼬아 실을 만든 거예요.

이렇게 만든 실과 뼈바늘을 이용해 옷을 만들어 입고, 고기잡이에 필요한 그물을 만들어 사용했답니다.

▲ 가락바퀴

구석기, 신석기 시대
다 아는 내용이잖아~
공부 그만하고,
어서 놀러 가자!

✱ 신석기 시대 사람들은 어떻게 생활하였을까?

신석기 시대에도 구석기 시대와 마찬가지로 모든 사람들이 **평등한 관계**를 유지했어요. 아직 농사가 많이 발전하지 못해 많은 양의 생산물이 수확되지 않았고, 여전히 사냥과 채집, 물고기 잡이는 먹거리를 찾는 중요한 방법이었어요. 때문에 경험이 많고 지혜로운 자가 무리를 이끌었던 것이지요.

흙으로 빗살무늬 토기를 예쁘게 만들어 줘! 물고기를 저장해야 하니까!

초능력 온달 ⭕❌ 퀴즈

이 글의 내용과 일치하면 O표, 일치하지 않으면 X표 해보세요.

❶ 구석기 시대에는 도구로 돌을 깨뜨려 만든 간석기를 사용하였습니다. (◯ , ✕)

❷ 신석기 시대에는 음식을 보관하기 위하여 빗살무늬 토기를 사용하였습니다. (◯ , ✕)

❶ 다음에서 설명하는 시대를 쓰시오.

• 무리를 지어 이동 생활을 하였다.
• 뗀석기를 사용하여 식량을 구하였다.

( )

❷ 신석기 시대의 생활 모습으로 옳은 것을 고르시오.

( )

① 계급이 발생하였다.
② 막집에서 생활하였다.
③ 농경과 목축이 시작되었다.
④ 비파형 동검을 제작하였다.
⑤ 민무늬 토기를 사용하였다.

🐾 정답과 해설 2쪽

초능력 Level up 문제

 정답과 해설 2쪽

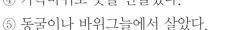 우리학교 **객관식** 문제

01 다음 유물을 처음 사용한 시대의 생활 모습으로 옳은 것은?

① 움집을 지었다.
② 정착 생활을 하였다.
③ 간석기를 사용하였다.
④ 기락비퀴로 옷을 만들었다.
⑤ 동굴이나 바위그늘에서 살았다.

주먹도끼

02 다음 유물을 처음 제작한 시대의 생활 모습으로 옳은 것을 〈보기〉에서 고르면?

빗살무늬 토기

─── 보기 ───

ㄱ. 무리를 지어 이동하며 생활하였다.
ㄴ. 농사를 짓고 가축을 기르기 시작하였다.
ㄷ. 모든 사람들이 평등한 관계를 유지하였다.
ㄹ. 뗀석기를 제작하여 사냥을 하거나 음식을 조리하였다.

① ㄱ, ㄴ   ② ㄱ, ㄷ
③ ㄴ, ㄷ   ④ ㄴ, ㄹ
⑤ ㄷ, ㄹ

우리학교 **주관식** 문제

03 다음 유물의 이름과 용도를 쓰시오.

○이름
(　　　　　　)
○용도
(　　　　　　)

한국사능력검정시험

04 (가)에 들어갈 내용으로 가장 적절한 것은?

기본 57회

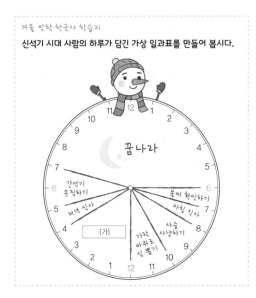

겨울 방학 한국사 학습지
신석기 시대 사람의 하루가 담긴 가상 일과표를 만들어 봅시다.

꿈나라
간석기 운직하기
저녁 식사
불씨 확인하기
아침 식사
(가)
가락 바퀴로 실 뽑기
사슴 사냥하기

① 거친무늬 거울 닦기
② 비파형 동검 제작하기
③ 빗살무늬 토기 만들기
④ 철제 농기구로 밭 갈기

오픈아이

위험했어요! 설쌤!

우리 이제 밥먹으러 가요?

아니! 우린 이제 고조선으로 떠날 거야!

온달아! 너 주먹도끼를 가져온 거야?

응! 혹시 동물이 나타나면 사냥해서 먹어야지!

온달이는 못말려….

설쌤! 곰과 호랑이가 이쪽으로 오고 있어요! 위험해요!

주먹도끼로 잡아줄게! 내 뒤로 숨어. 평강아!

왈! 왈!

하늘에서 내려오신 걸 보고 왔어요. 저희 소원을 들어주세요.

사람이 되고 싶어요.

설쌤! 이거 단군 신화 내용 맞죠?

응. 아무래도 우릴 환웅으로 착각한 것 같아….

어떡하죠? 그냥 잡아먹을까요?

과거를 바꾸면 안 돼! 일단 피하자!

같이 가요! 설쌤!

 고조선의 건국과 발전 과정

	고조선
특징	• 우리 역사 최초의 국가
건국	• 청동기 문화를 바탕으로 등장 • 고조선 건국 이야기 : 단군왕검
문화 범위	• 미송리식 토기, 비파형 동검, 탁자식 고인돌 발견 지역
법	• 8조법(범금 8조)
멸망	• 한의 침입으로 멸망

고조선

드디어 우리나라 최초의 국가가 건국됐어!

저 분은 누구세요?

앗! 단군 할아버지다!

설쌤의 한국사 스토리텔링

고조선에 대해 알아 봅시다

 더 알아보기

청동기 시대의 계급

청동기 시대에는 농경이 발달하여 벼농사가 시작되었어요. 이에 따라 생산물이 많아져 먹고 남는 곡식이 생겼고, 많은 재산을 소유한 사람과 소유하지 못하는 사람 사이에 계급 차이가 발생하였어요.

＊세력
힘을 가진 집단

✱ 우리 역사상 최초의 국가는?

돌만을 이용해 도구를 만들던 사람들은 점점 기술을 발전시켜 나갔고, 마침내 단단한 청동을 이용해 도구를 만들기 시작했어요. 그렇게 **청동기 시대**가 시작되었습니다.

청동기 시대에 한반도와 인근 지역에서 힘이 센 큰 무리가 작은 무리를 힘으로 누르거나 그들과 힘을 모으며 성장했어요. 이들이 국가를 세울 정도까지 세력을 키우게 되자 **우리 역사상 최초의 국가인 고조선**이 등장할 수 있었어요.

고조선의 건국 이야기는 고려 시대에 일연 스님이 쓴 『삼국유사』에 기록되어 있어요. 하늘에서 내려온 환웅과 쑥과 마늘을 먹고 사람이 된 웅녀 사이에서 태어난 **단군왕검**이 나라를 세웠다는 신화를 함께 살펴볼까요?

고조선의 건국 이야기

옛날에 환인의 아들인 환웅이 하늘에서 인간 세상을 자주 내려다보며 직접 그곳을 다스리고 싶어 했다. 환인이 아들의 뜻을 알고 내려다보니 태백산(지금의 묘향산으로 추정) 지역이 적당하다고 생각해 아들에게 가서 다스리게 하였다. 환웅은 **바람, 비, 구름을 다스리는 신하**와 무리 삼천 명을 이끌고 내려와 세상을 다스렸다. 어느 날 곰과 호랑이가 환웅을 찾아와 사람이 되게 해 달라고 빌었다. 환웅은 쑥과 마늘을 주면서 "이것을 먹으면서 100일 동안 햇빛을 보지 않으면 사람이 될 것이다."라고 했다. 곰과 호랑이는 동굴로 들어가 이를 지키려고 했으나 호랑이는 참지 못하고 곧 뛰쳐나갔다. 하지만 **곰은 환웅이 말한 것을 잘 지켜 여자로 변해 웅녀가 되었다.** 웅녀는 환웅과 결혼해 아들을 낳았고, 그 아들이 후에 단군왕검이 되었다. **단군왕검은 아사달(지금의 구월산 근처)로 도읍을 옮겨 고조선을 건국했다.**

－『삼국유사』－

단군왕검에서 '단군'은 하늘에 제사를 지내는 제사장을 뜻하고, '왕검'은 나라를 다스리는 정치적 지도자를 의미해요. 즉 고조선을 세운 단군왕검이 제사와 정치의 임무를 모두 맡았음을 뜻하는데, 이를 통해 고조선은 **제정일치** * **사회**였음을 알 수 있어요.

더 알아보기

＊제정일치
제사와 정치가 일치한다는 사상

[비교] 제정 분리
제사와 정치가 분리된다는 사상

＊ 고조선의 문화 범위는 어디까지일까?

고조선은 **청동기 문화를 바탕으로 등장**했다고 했죠? 그래서 우리는 한반도와 주변 지역에 남아있는 청동기 유적을 통해 고조선이 어디서부터 어디까지 영향력을 미쳤는지 추측할 수 있어요.

고조선의 문화 범위를 보여주는 대표적인 청동기 유물에는 **미송리식 토기**, **비파형 동검**, **탁자식 고인돌** 등이 있었답니다.

탁자식 고인돌,
비파형 동검...어렵지?
공부 그만하자!

동이족의 분포 지역
고조선의 문화 범위
고인돌(북방식·탁자식)
분포 지역
비파형 동검 분포 지역
송화강
농안
라오허강
창춘   옌지
훈허강   백두산
산하이관   묘향산
보하이 만   동 해
평양
황허강   구월산
마니산
황 해
화이허강
양쯔강
▲ 고조선의 문화 범위

▲ 미송리식 토기

▲ 비파형 동검

▲ 탁자식 고인돌

✴ 고조선의 사회 모습은 어땠을까?

고조선은 사회 질서를 잘 유지하기 위해 8개의 법을 만들어 시행했어요. 이를 **8조법(범금 8조)**이라고 해요. 현재는 8개의 조항 중 3개의 조항만 전해지고 있는데, 이를 함께 살펴보며 고조선 사회는 어떤 모습이었는지 알아볼까요?

고조선의 8조법(범금 8조)

- 사람을 죽인 사람은 사형에 처한다. → **큰 죄는 법으로 엄격하게 다스렸다.**
- 남에게 상해*를 입힌 사람은 곡식으로 갚는다. → **개인마다 가진 재산이 있으며, 농사를 중요하게 생각하였다.**
- 남의 물건을 훔친 사람은 데려다 노비로 삼으며, 죄를 면하려면 50만 전을 내야 한다. → **노비가 있는 신분제 사회였으며, 돈을 사용하였다.**

＊상해
다른 사람의 몸에 상처를 입히는 것

＊노동력
물건을 만드는 데 필요한 사람의 정신·육체적 능력

사람들을 죽이거나 상처 입히면 처벌했다는 내용을 통해 고조선은 노동력*을 매우 중요하게 생각했다는 점 또한 알 수 있어요. 기계가 발달하지 않았던 고조선 사회에서는 인간의 힘이 중요했기 때문이에요.

이렇듯 8조법(범금 8조)을 통해 고조선이 엄격한 법으로 나라를 다스렸다는 점을 알 수 있어요. 참고로 8조법(범금 8조)은 시간이 지나면서 조금씩 변했을 것으로 추측돼요.

✴ 고조선은 어떻게 멸망했을까?

이후 고조선은 철기 문화를 받아들이며 계속해서 성장해 나갔어요. 하지만 중국을 통일한 한은 점점 세력이 커지는 고조선을 못마땅하게 생각하고 있었죠. 결국 **한이 고조선을 침입하였고**, 그렇게 고조선은 멸망하고 말았어요.

더 알아보기

*한
기원전 202년에 중국에 세워진 나라

초**능력 온달 ⭕❌ 퀴즈** 이 글의 내용과 일치하면 O표, 일치하지 않으면 X표 해보세요.

❶ 청동기 시대 이후 한반도와 주변 지역에서 권력을 가진 사람들이 나타나 다른 사람들을 지배하기 시작했습니다. (⭕ , ❌)

❷ 고조선에는 8개 조항의 법이 있었는데, 현재 모두 전해지고 있습니다. (⭕ , ❌)

초**능력 평강 퀴즈**

❶ **다음에서 설명하는 나라를 쓰시오.**

- 우리 역사 속 최초의 국가다.
- 고려 시대에 일연이 쓴 『삼국유사』에 건국 과정에 대한 이야기가 실려 전해오고 있다.

( )

❷ **아래 조항에서 알 수 있는 고조선의 생활 모습으로 옳지 않은 것을 고르시오.** ( )

남의 물건을 훔친 사람은 데려다 노비로 삼으며, 죄를 면하려면 50만 전을 내야 한다.

① 신분 제도가 있었다.
② 화폐의 개념이 있었다.
③ 도둑질한 사람은 처벌을 받았다.
④ 법을 통해 사회 질서를 유지했다.
⑤ 불교를 바탕으로 나라를 다스렸다.

😊 정답과 해설 3쪽

우리학교 객관식 문제

01 밑줄 친 단어를 통해 알 수 있는 고조선의 사회 모습으로 옳은 것은?

> 곰은 환웅이 말한 것을 잘 지켜 여자로 변해 웅녀가 되었다. 웅녀는 환웅과 결혼해 아들을 낳았고, 그 아들이 후에 <u>단군왕검</u>이 되었다.   -『삼국유사』-

① 정보화 사회
② 제정일치 사회
③ 화폐가 유통되는 사회
④ 농경이 이루어지는 사회
⑤ 민주주의가 발전한 사회

02 다음 자료와 관련된 국가에 대한 설명으로 옳은 것을 〈보기〉에서 고르면?

> 〈8조법〉
> • 사람을 죽인 사람은 사형에 처한다.
> • 남에게 상해를 입힌 사람은 곡식으로 갚는다.

> | 보기 |
> ㄱ. 제사와 정치가 분리된 사회였다.
> ㄴ. 당나라의 침략을 받아 멸망하였다.
> ㄷ. 개인이 소유한 재산을 인정하였다.
> ㄹ. 청동기 문화를 바탕으로 건국되었다.

① ㄱ, ㄴ   ② ㄱ, ㄷ   ③ ㄴ, ㄷ
④ ㄴ, ㄹ   ⑤ ㄷ, ㄹ

우리학교 주관식 문제

03 고조선의 문화 범위를 보여주는 유물과 유적 3가지를 쓰시오.

○

○

○

한국사능력검정시험

04 (가) 나라에 대한 설명으로 옳은 것은?

기본 63회

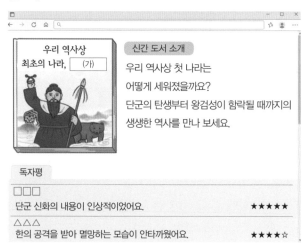

① 범금 8조가 있었다.
② 책화라는 풍습이 있었다.
③ 낙랑군과 왜에 철을 수출하였다.
④ 제가 회의에서 나라의 중요한 일을 결정하였다.

역 사 논 술

정답과 해설 3쪽

세계의 다양한 문화유산을 살펴보면 우리나라에서 발견되는 고인돌, 이집트에서 발견되는 피라미드 등 거대한 무덤이 많아요. 옛날 사람들은 왜 이렇게 거대한 무덤을 만들었을까요? 떠오르는 나의 생각을 자유롭게 써보세요!

오픈아이

로빈아! 비파형 동검을 물고 오면 어떡해?

로빈아! 비파형 동검 주면 내가 먹이 잡아 줄게!

비파형 동검 들고 또 매머드한테 덤비려고?

우와! 먹을 거다! 로빈아! 비파형 동검 줘봐!!

고구려 무덤에서 발견된 벽화

〈무용총 수렵도〉

어? 저 모습 어디서 많이 봤는데?

설쌤 생각 중이시니까 가만히 좀 있어봐! 사고 그만 치고!

아! 무용총 수렵도! 여긴 고구려야!

어지러워…토…토할 것 같아. 설쌤! 이러다가 광개토 대왕 되겠어요.

오! 온달아! 광개토 대왕을 아는구나? 만나볼래?

좋아요!

설쌤! 광개토 대왕과 아는 사이이신가요?

내가 고구려의 태학 박사*잖아 만나러 가보자!

*설민석의 한국사 대모험에서 설쌤은 고구려의 국립 대학인 태학 박사이다.

 부여와 고구려의 사회 모습

	부여	고구려
정치	• 사출도 : 마가 · 우가 · 저가 · 구가의 지배	• 제가 회의 → 범죄자 처벌
경제	• 농경 · 목축 발달	• 약탈 경제
제천행사	• 영고(12월)	• 동맹(10월)
생활 모습	• 1책 12법 • 순장	• 1책 12법 • 서옥제

옥저와 동예, 삼한의 사회 모습

	옥저	동예	삼한(마한·진한·변한)
정치	• 지배자 : 읍군·삼로		• 제정 분리 : 지배자(신지·읍차), 제사장(천군) • 소도, 솟대
경제	• 소금, 어물	• 단궁·과하마· 반어피	• 변한 : 낙랑·왜 등에 철 수출
제천행사	–	• 무천(10월)	• 수릿날(5월) • 계절제(10월)
생활 모습	• 민며느리제 • 가족 공동 무덤	• 책화	–

부여와 고구려에 대해 알아 봅시다

✱ 철기 문화를 바탕으로 등장한 여러 나라

고조선은 청동을 이용해 새로운 도구를 만들긴 했지만, 청동은 재료를 구하기가 어려워 농사를 지을 땐 여전히 돌을 사용했어요. 그런데 고조선이 세력을 떨칠 무렵, 청동보다 만들기도 쉽고 더 단단한 철이 한반도에 들어온 거예요.

철로 만든 농기구를 사용하자 수확물도 더 많아졌고, 더 강력한 무기를 만들어 전쟁에서 쉽게 승리할 수 있게 되었어요. 이러한 **철기 문화**를 바탕으로 한반도에서 여러 나라가 등장하였답니다.

✱ 부여는 어떤 나라였을까?

한반도 북쪽에 등장한 부여에는 넓은 평야가 많고 땅이 기름져서, 농사를 짓거나 목축을 하기에 좋았어요. 하지만 북쪽에는 추운 지역이 많았기 때문에 가축을 잘 기르는 일이 농사 못지않게 중요했다고 해요.

그래서 부여는 가축의 이름을 따서 귀족들의 명칭을 짓기도 했어요. **'마가·우가·저가·구가'라고 부르는 귀족들은 사출도를 지배**하며 왕만큼의 권력을 가졌어요. 부여는 왕이 권력이 약해 가뭄이나 흉년이 들면 왕에게 책임을 물어 왕을 내쫓는 경우도 있었다고 해요.

▲ 여러 나라의 성장

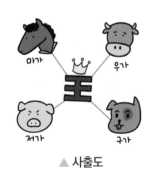

▲ 사출도

이 가뭄이 다 왕 때문이라고?

*추수
가을에 익은 곡식을 거두어
들임

*제천행사
하늘에 제사를 지내는 행사

부여에서는 추수*를 마친 **12월이 되면 하늘에 제사를 지내고 소원을 비는 영고라는 제천행사***를 열었어요. 온 백성들이 모여 한 해의 추수를 축하하며 축제를 벌이고, 다음 농사가 잘 되게 해달라며 하늘에 소원을 빌기도 했지요.

부여는 고조선처럼 엄격한 법으로 나라를 질서 있게 다스렸어요. 그중 하나인 **1책 12법은 남의 물건을 훔쳤을 때 12배로 물어줘야 한다는 내용**으로, 부여 역시 개인의 재산을 중요하게 여겼다는 점을 알 수 있어요.

또한 부여에는 왕이 죽으면 살아있는 신하들을 함께 묻는 **순장**이라는 풍습이 있었어요. 죽은 뒤의 세상에서도 왕의 시중을 들 신하들이 필요하다고 생각했기 때문인데, 이를 통해 부여 사람들이 죽은 이후에도 또 다른 삶이 계속된다고 믿었음을 알 수 있어요.

✱ 고구려는 어떤 나라였을까?

부여 아래쪽에서 고구려라는 나라가 등장하였어요. 고구려는 **부여에서 온 주몽**이 세운 나라로, 부여와 달리 산이 많고 땅이 메말라서 농사를 짓기 힘들었어요. 그래서 일부러 전쟁을 벌여 주변 나라에서 식량을 빼앗아 오는 약탈* 경제생활을 하였는데, 이 때문에 고구려에서는 무술이 발달했다고 해요.

*약탈
힘을 써서 남의 것을 억지로
빼앗음

하지만 고구려는 부여와 닮은 점도 많은 나라였어요. 부여처럼 귀족들의 힘이 컸기 때문에 **제가 회의**라 불리는 귀족 회의를 통해 범죄자를 처벌하는 등 귀족들이 국가의 중요한 일을 결정했어요. 또한 부여와 마찬가지로 **1책 12법**을 통해 남의 물건을 훔친 사람을 처벌했지요. **10월에 동맹이라는 제천행사**를 열어 하늘에 제사를 지내기도 했답니다.

고구려에 대한 기록

큰 산과 깊은 골짜기가 많고 넓은 들은 없다. 좋은 전지(田地)*가 없어 부지런히 농사를 지어도 식량이 넉넉하지 못하다. 사람들의 성품이 흉악하고 급해서 노략질*하기를 좋아한다.
– 『삼국지』, 「위서 동이전」 –

*전지
논과 밭을 아울러 이르는 말

*노략질
떼를 지어 돌아다니며 사람을
해치거나 재물을 강제로 빼
앗는 짓

고구려에는 **서옥제**라는 독특한 혼인 풍습이 있었어요. 결혼을 하면 **남편이 부인의 집으로 가서 집 뒤편에 조그마한 집을 짓고, 자식을 낳을 때까지 그 집에서 함께 사는 거예요**. 이때 지은 조그마한 집을 '서옥'이라고 불러요.

고구려에는 왜 이런 풍습이 있었던 걸까요? 이 시기에는 노동력이 매우 중요했기 때문에 집안에 있는 사람 한 명 한 명이 소중했어요. 하지만 딸이 시집을 가버리면 그만큼의 노동력을 잃게 되는 거였죠. 그래서 일정 기간 동안 남편이 부인의 집에서 살며 일을 해주고 노동력을 제공해 주는 서옥제가 있었던 것이랍니다.

고구려의 서옥제?
알게 뭐람!

얘들아!
황대감에게 속으면 안 돼!

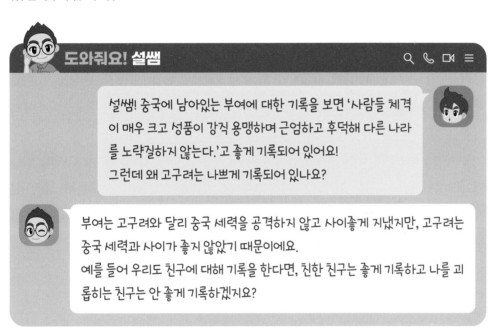

도와줘요! 설쌤

설쌤! 중국에 남아있는 부여에 대한 기록을 보면 '사람들 체격이 매우 크고 성품이 강직 용맹하며 근엄하고 후덕해 다른 나라를 노략질하지 않는다.'고 좋게 기록되어 있어요!
그런데 왜 고구려는 나쁘게 기록되어 있나요?

부여는 고구려와 달리 중국 세력을 공격하지 않고 사이좋게 지냈지만, 고구려는 중국 세력과 사이가 좋지 않았기 때문이에요.
예를 들어 우리도 친구에 대해 기록을 한다면, 친한 친구는 좋게 기록하고 나를 괴롭히는 친구는 안 좋게 기록하겠지요?

밭은 다 갈았니?

예, 장인어른.

서옥

설쌤의 한국사 스토리텔링

옥저와 동예, 삼한에 대해 알아봅시다

더 알아보기

*어물
생선이나 생선을 말린 것

✳ 옥저는 어떤 나라였을까?

고구려 아래쪽, 한반도의 동북쪽에 위치한 옥저는 바다와 가까이 위치해 있기 때문에 소금과 어물* 등 해산물이 풍부했어요. 하지만 부여, 고구려와 달리 왕이 존재하지 않아 **읍군·삼로라고 하는 군장들이 자기 부족을 다스렸지요.** 강력한 왕이 없던 옥저는 다른 나라의 식량을 빼앗으려 하는 고구려의 위협을 받아 크고 강한 나라로 성장하지 못했어요.

옥저에는 고구려처럼 독특한 혼인 풍습이 있었는데, 그것은 바로 **민며느리제**예요. 민며느리제는 **10살이 되기 전의 어린 신부가 결혼을 약속한 남자 집에 가서 살다가 결혼할 때가 되면 자신의 집으로 돌아가고, 신랑의 집에서 신부의 집에 재물을 주어 다시 데려오는 혼인 풍습**이에요. 신부 집에서 잃을 노동력의 대가로 돈을 주었다는 점에서 노동력을 중시했던 옥저의 사회 모습을 확인할 수 있어요.

또한 옥저에는 가족이 죽으면 임시로 묻었다가 나중에 그 뼈를 모아 다른 식구들과 함께 묻는 **가족 공동 무덤**의 풍습도 있었답니다.

＊ 동예는 어떤 나라였을까?

옥저 아래 동해안 지역에 위치한 동예도 옥저처럼 왕이 아닌 **읍군·삼로**와 같은 군장들이 각 부족을 다스렸어요. 그로 인해 동예도 고구려의 위협을 받아 크고 강한 나라로 성장하지는 못했답니다.

동예 역시 바닷가에 위치해 해산물이 풍부했고 단궁, 과하마, 반어피* 등이 특산물로 유명했어요. 옥저에는 하늘에 제사를 지내는 제천행사가 없었지만 동예에는 **10월에 열리는 무천**이라는 제천행사가 있었답니다.

그렇다면 동예에만 있던 독특한 풍습은 무엇일까요? 동예 사람들은 자기 부족과 다른 부족 사이의 경계를 중요하게 여겼어요. 그래서 산, 강과 같은 자연을 활용하여 부족 간의 경계를 정하고 다른 부족이 침범하지 못하도록 했지요. 그런데 어떤 사람이 이 경계를 넘어 **다른 부족의 영역을 침범하면 그 죄를 물어 소나 말, 노비 등을 내도록 했는데**, 이러한 동예의 풍습을 **책화**라고 해요.

＊단궁, 과하마, 반어피
단궁은 활, 과하마는 키가 작은 말, 반어피는 바다표범 가죽을 의미함

동예에 대한 기록

풍속은 산과 하천을 중시하고, 산과 하천에 각기 구분이 있어 서로 건너거나 들어갈 수 없었다. …… **남의 영역을 서로 침범하면 노비와 소, 말로 배상하게 하는데 이를 책화라고 한다.**
　　　　　　　　　　　　　　　　　　　　　　　　　 –『삼국지』, 「위서 동이전」 –

저 마을로 넘어가면 안돼!

가고 싶은데… 끼잉…

＊ 삼한은 어떤 나라였을까?

한반도의 남쪽에서는 수십 개의 작은 나라들이 모여 **삼한**이 만들어졌어요. 삼한은 **마한, 진한, 변한**을 말해요. 날씨가 따뜻하고 땅이 비옥＊한 삼한 지역에서는 벼농사가 발달하였으며, 우수한 철기 문화를 바탕으로 성장했어요. 특히 **변한은 철이 많이 생산되어 낙랑·왜＊ 등 주변 나라에 철을 수출＊**하기도 했어요.

삼한에도 나라를 다스리는 지도자가 있었는데 이들을 **신지·읍차**라고 불렀어요. 그런데 삼한은 다른 나라들과 달리 정치적 지도자 외에 하늘에 제사를 지내는 종교적 지도자를 따로 두었고, 이를 **제사장인 천군**이라고 해요. 즉 삼한은 제정 분리 사회였던 거죠.

사람들은 천군이 제사 지내는 곳을 신성하게 여기며 이곳을 **소도**라고 불렀어요. 그리고 주변에 솟대를 세워 소도의 위치를 표시하였지요. 소도에 범죄자가 도망쳐 들어가도 천군의 허락이 있어야만 죄인을 잡아올 수 있을 만큼 소도는 신성한 지역이었답니다.

한편 삼한에서도 5월에 수릿날, 10월에 계절제를 열어 하늘에 제사를 지내고 농사가 잘 되기를 기원했어요.

＊**비옥**
식물이 자라는 데 필요한 양분이 많음

＊**왜**
한국과 중국에서 일본을 가리키는 호칭

＊**수출**
상품 등을 외국으로 팔아 내보냄

▲ 솟대

초능력 온달 ○ X 퀴즈
이 글의 내용과 일치하면 O표, 일치하지 않으면 X표 해보세요.

❶ 부여에서는 왕 아래 여러 가(加)들이 사출도를 다스렸습니다. (○ , X)

❷ 동예에는 남자 집에서 여자아이를 데려와 키운 후, 여자아이가 성인이 되면 여자 집에 예물을 주고 결혼하는 민며느리제가 있었습니다. (○ , X)

초능력 평강 퀴즈

❶ 다음에서 설명하는 나라를 쓰시오.

- 제가 회의에서 나라의 중요한 일을 결정하였다.
- 남자가 아내 집에 서옥을 짓고 살면서 자식이 클 때까지 일해 준 후 아내를 데리고 돌아가는 서옥제라는 풍습이 있었다.

( )

❷ 삼한에 대한 설명으로 옳은 것을 고르시오.

( )

① 서옥제가 있었다.
② 제사장인 천군이 있었다.
③ 영고라는 제천 행사가 있었다.
④ 가족 공동 무덤의 풍습이 있었다.
⑤ 읍군이나 삼로가 부족을 다스렸다.

🔴 정답과 해설 4쪽

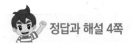

우리학교 객관식 문제

01 다음 자료와 관련된 국가에 대한 설명으로 옳은 것은?

> 나라에는 왕이 있고, 가축의 이름으로 관명을 정하여 마가 · 우가 · 저가 · 구가, 대사 · 대사자 · 사자가 있다. …… 제가들은 별도로 사출도를 주관하였다.
> — 『삼국지』, 「위서 동이전」 —

① 순장이라는 풍습이 있었다.
② 신성 지역인 소도가 존재하였다.
③ 혼인 풍습으로 민며느리제가 있었다.
④ 10월에 동맹이라는 제천 행사를 열었다.
⑤ 특산물로 단궁, 과하마, 반어피가 유명하였다.

02 다음 자료와 관련된 국가에 대한 설명으로 옳은 것을 〈보기〉에서 고르면?

> 남의 영역을 서로 침범하면 노비와 소, 말로 배상하게 하는데 이를 책화라고 한다.
> — 『삼국지』, 「위서 동이전」 —

| 보기 |
ㄱ. 서옥제라는 혼인 풍습이 존재하였다.
ㄴ. 무천이라 불리는 제천 행사가 있었다.
ㄷ. 읍군, 삼로의 군장이 나라를 다스렸다.
ㄹ. 철이 많이 생산되어 낙랑과 왜에 수출하였다.

① ㄱ, ㄴ   ② ㄱ, ㄷ   ③ ㄴ, ㄷ
④ ㄴ, ㄹ   ⑤ ㄷ, ㄹ

우리학교 주관식 문제

03 다음 자료를 읽고 물음에 답하시오.

> 각각 우두머리가 있어서 세력이 강대한 사람은 스스로 신지라 하고, 그 다음은 읍차라 하였다. …… 귀신을 믿기 때문에 국읍에 각각 한 사람씩 세워 천신의 제사를 주관하게 하는데, 이를 (㉠)(이)라 부른다.

(1) ㉠에 들어갈 단어를 쓰시오. (   )
(2) 위 자료를 통해 알 수 있는 사회 모습을 쓰시오.
(   )

한국사능력검정시험

04 (가) 나라에 대한 설명으로 옳은 것은?

기본 60회

① 영고라는 제천 행사가 있었다.
② 신지, 읍차 등의 지배자가 있었다.
③ 혼인 풍습으로 민며느리제가 있었다.
④ 읍락 간의 경계를 중시하는 책화가 있었다.

01 선사 시대, 돌을 사용하던 사람들

구석기 시대

- 도구: ❶ [ ] 석 [ ] (주먹도끼, 슴베찌르개, 긁개, 밀개)

- 사는 곳: 동굴이나 바위 그늘, ❷ [ ] 집

- 생활 모습: 무리를 지어 ❸ [ ] 동 생활

신석기 시대

- 도구: ❹ [ ] 석 [ ] (갈판과 갈돌 등)

- 먹는 것: ❺ [ ] 경 과 목축 시작

- 대표적인 토기: ❻ [ ] [ ] 무늬 토기

- 사는 곳: ❼ [ ] 집

02 단군 할아버지가 세운 국가, 고조선

- 고조선 건국: ❶ 청 [ ] [ ] 문화를 바탕으로 등장

- 단군왕검을 통해 알 수 있는 사실: ❷ 제 [ ] [ ] 치 사회

- 사회 질서 유지를 위해 존재한 법: ❸ [ ] [ ] 법 (범금 8조)

03 여러 나라가 등장하다

부여
- ❶ [ ][ ]도 : 마가 · 우가 · 저가 · 구가의 지배
- 제천 행사: ❷ [ ][ ]

고구려
- ❸ 제[ ][ ][ ]의 : 국가의 중요한 문제를 결정하는 회의
- 제천 행사: ❹ 동[ ]
- 혼인 풍습: ❺ [ ]옥[ ]

옥저
- 지배자: ❻ 읍[ ], 삼로
- 혼인 풍습: ❼ 민[ ][ ][ ]제

동예
- 제천 행사: ❽ 무[ ]
- 풍습: ❾ [ ]화 (남의 영역을 침범하면 소나 말로 배상)

삼한
- 제정 분리 사회: 지배자(신지, 읍차), 제사장(❿ 천[ ])

설쌤의 지식 오픈!

> ## 고인돌을 통하여 알 수 있는
> ## 흥미로운 사실!

청동기 시대의 대표적 무덤인 고인돌은 어떻게 만들어졌을까요? 고인돌은 크기와 무게가 어마어마했던 만큼 제작할 때 수많은 사람들이 필요했어요. 따라서 청동기 시대에는 수많은 사람들을 동원할 수 있는 지배층이 등장했음을 알 수 있어요. 우리나라 고창·화순·강화 지역의 고인돌 유적은 유네스코 세계유산으로 등재되기도 했답니다.

▲ 탁자식 고인돌

고조선의 건국 이야기를 자유롭게 그림으로 표현해 봅시다.

설명

2 " 삼국 시대가 지나고
남북국 시대가 열리다 "

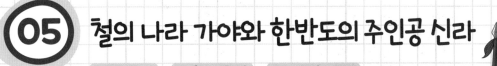

오픈아이

삼국의 건국과 4세기의 삼국

	건국	4세기
백제	온조 (한강 지역)	• 근초고왕 : 영토 확장, 중국 및 왜와 교류
고구려	주몽 (압록강 지역 졸본)	• 소수림왕 : 불교 수용, 태학 설립, 율령 반포 • 광개토 대왕 : 연호 '영락', 요동 진출, 백제 공격
신라	박혁거세 (경주 지역)	• 내물 마립간 : 마립간 칭호 사용

한판 정리

5세기와 6세기의 삼국

	5세기	6세기
백제	• 신라와 동맹(나·제 동맹)	• 무령왕 : 22담로에 왕족 파견 • 성왕 : 사비로 수도 옮김, 진흥왕과 한강 회복 → 관산성 전투에서 죽음
고구려	• 광개토 대왕 : 신라에 침입한 왜 격퇴 (호우명 그릇) • 장수왕 : 광개토 대왕릉비를 세움 평양으로 수도 옮김, 한강 지역 차지	-
신라	• 백제와 동맹(나·제 동맹)	• 지증왕 : 우경 장려, 순장 금지, '왕'·'신라' 사용 • 법흥왕 : 불교 공인, 율령 반포 • 진흥왕 : 한강 차지 → 순수비를 세움, 대가야 정복

한강의 매력이 도대체 뭔데?

역사 논술을 준비하기 위해 같이 공부해볼까?

고구려, 백제, 신라의 성립과 발전 과정을 알아봅시다

✳ 삼국은 어떻게 등장하였을까?

한반도와 주변 지역에 자리 잡은 여러 나라는 시간이 흘러 고구려, 백제, 신라라는 고대 국가로 변하였어요. 그렇다면 삼국이 어떻게 건국되었는지 함께 살펴볼까요?

어느 날 부여의 궁궐에서 한 남자아이가 알을 깨고 태어났어요. 이 아이는 활을 쏘는 솜씨가 매우 뛰어나 '활을 잘 쏘는 사람'의 뜻인 **주몽**이라는 이름을 가질 정도였어요. 부여의 왕자들은 재주가 뛰어난 주몽이 자신들의 자리를 빼앗지 않을까 걱정하며 주몽을 미워했어요. 결국 주몽은 부여를 떠나 남쪽으로 내려와 압록강 지역 **졸본이란 곳에서 새로운 나라를 세웠는데, 이 나라가 바로 고구려**예요.

 더 알아보기

알에서 태어나 나라를 세운 시조들?

정말 알에서 사람이 태어날 수 있는 걸까요? 사실 시조가 알에서 태어났다는 이야기들은 그 나라의 시조가 신비롭고 신성한 존재임을 강조하기 위한 것이에요. 하늘에서 내려준 신성한 존재가 나라를 세웠으니 그의 자손인 우리들도 하늘의 자손이며 신성한 존재라는 것이죠.

유리왕

고구려의 두 번째 왕으로, 고구려의 수도를 국내성(중국 지린성 지안시)으로 옮겼어요.

『삼국사기』

고려 시대에 김부식이 쓴 역사서로 고구려, 백제, 신라에 대한 기록이 담겨있어요.

고구려를 세운 주몽은 비류, 온조라는 아들들을 낳고 살고 있었어요. 그런데 어느 날 유리라는 이름을 가진 아이가 자신이 주몽의 아들이라며 고구려에 나타났어요. 그런데 주몽이 유리를 자신의 후계자로 선택하자 배신감을 느낀 비류와 온조가 고구려를 떠나 남쪽으로 내려갔고, 그중 **온조가 한강 지역에서 백제를 세웠어요.**

한편 지금의 경주 지역에는 사로국이라는 작은 나라가 있었어요. 사로국의 촌장이 우물가에 갔던 어느 날, 이곳에서 흰말 한 마리가 우물 옆에 앉아 울면서 절을 하고 있는 거예요. 그러다 말은 하늘로 날아가버렸고, 말이 있던 자리에는 커다란 알이 하나 놓여 있었는데, 여기에서 한 남자아이가 태어났어요. 바로 신라를 세운 **박혁거세**였지요.

우리나라에서 현재 존재하는 가장 오래된 역사서인 『삼국사기』에는 신라가 가장 먼저 세워졌고 이후 고구려, 백제 순으로 나라가 건국되었다고 기록되어 있어요.

✱ 가장 먼저 전성기를 맞이한 백제는 주변국에 어떤 영향을 주었을까?

이렇게 성립된 삼국은 점점 힘을 키워 나가며 한반도의 주인이 되려는 다툼을 벌이기 시작했어요. 그중에 **백제가 삼국 중 가장 먼저 전성기를 맞이하게 되었는데,** 백제는 어떻게 고구려, 신라보다 먼저 힘을 키울 수 있었을까요?

예전부터 지금까지 나라의 힘을 키우는 데에는 교통의 발달이 중요한 역할을 했어요. 고대 국가 역시 다른 나라와 교류하고

▲ 4세기 백제 전성기

선진 문물을 받아들이는 것이 중요했지요. 백제가 차지한 한강이 바로 그 역할을 하는 곳이었어요. 한강은 농사짓기에 좋은 땅이 있었고, 중국과 교류하기에 편리했기 때문이에요.

이를 바탕으로 **4세기에 왕이 된 근초고왕**은 중국 왕조 및 왜와 교류하며 세력을 넓혔고, 국경을 맞대고 있던 고구려를 공격해 영토를 넓혔어요. **근초고왕이 고구려의 평양성을 공격하는 과정에서 고구려의 고국원왕이 죽게 됩니다.**

✱교류
문화나 사상을 서로 주고 받는 것

✱선진 문물
발전 단계가 앞선 문화물

✱세기
100년을 단위로 연도를 세는 단위

전성기를 누린 백제와는 달리 4세기의 고구려는 큰 위기에 처해 있었어요. 고국원왕의 아들 **소수림왕**은 어떻게 하면 고구려를 위기에서 구할 수 있을까 고민했어요. 먼저 나라를 안정시켜야 한다고 생각한 소수림왕은 나라의 기틀*을 바로 잡는 여러 정책을 시행했어요.

전쟁으로 혼란스러운 백성들의 마음을 하나로 모으기 위해 **불교를 수용***했고, 뛰어난 인재들이 나라를 잘 다스릴 수 있도록 **태학이라는 교육 기관을 설립**했어요. 또한 나라의 법인 **율령*을 반포**해 나라의 질서를 다잡고자 했지요. 이런 소수림왕의 노력으로 고구려는 힘을 되찾기 시작했고 이후 그 유명한 **광개토 대왕**이 등장하게 되었답니다.

한편, 4세기의 신라는 고구려와 백제에 가로막혀 힘을 키우지 못했어요. 신라는 왕이라는 칭호 대신 우두머리를 뜻하는 마립간이라는 칭호를 사용하여 '내물왕'이 아닌 '**내물 마립간**'이라고 불렀지요.

더 알아보기

＊기틀
어떤 일을 해나가는 데 있어서 가장 중요한 밑받침

＊수용
받아들이는 것

＊율령
죄를 처벌하거나 나라를 다스리는 것과 관련된 제도

외울 양이 너무 많지?
이제 그만 포기하자!
온달아! 내가 치킨 사줄게!

절대 포기 안 해!
그리고 치킨은 살쪄!

치킨은 살 안 쪄!
네가 살쪄.

근초고왕

백제

고구려로 진격!

✳ 5세기 전성기를 맞이한 고구려는 주변국에 어떤 영향을 주었을까?

*요동
중국의 랴오허강(요하)을 기준으로 동쪽 지역

*연호
임금이 즉위한 해에 붙이던 칭호

*대등
실력이나 능력이 서로 비슷함

4세기 말에 왕이 된 **광개토 대왕**은 자신의 할아버지를 죽인 백제를 공격하고 **중국 요동 지역까지 진출**하는 등 사방으로 힘을 키워 나갔어요. 바로 고구려의 전성기가 시작된 것이었죠. 광개토 대왕은 '**영락**'이라는 **연호**를 만들어 고구려가 중국과 대등하다는 자신감을 내비치기도 했어요.

광개토 대왕이 만주 벌판을 달리고 있을 무렵, 남쪽에 있는 신라의 내물 마립간이 도움을 요청하는 목소리가 들려왔어요.

"왜가 백제와 손을 잡고 저희를 공격했어요. 도와주세요, 광개토 대왕님!"

▲ 5세기 고구려 전성기

내물 마립간의 요청을 받아들인 광개토 대왕은 남쪽으로 내려가 신라에 침입한 왜를 무찌르고 신라에 군대를 두었어요. 이는 광개토 대왕이 신라에도 엄청난 영향력을 행사했다는 것을 보여주는데, 경주에서 발견된 **호우명 그릇**에 새겨진 광개토 대왕의 이름을 통해 이를 알 수 있답니다.

광개토 대왕의 뒤를 이은 **장수왕** 때도 고구려의 전성기는 이어졌어요. 먼저 장수왕은 아버지의 업적을 기념하는 **광개토 대왕릉비**를 세웠어요. 그리고 한반도의 남쪽으로 세력을 확장하기 위해 수도를 **국내성에서 평양으로 옮겼어요**. 바로 **한강을 차지**하기 위해 말이죠.

▲ 호우명 그릇

▲ 광개토 대왕릉비

장수왕이 남쪽으로 진출하자 백제와 신라는 위기를 느꼈어요. 결국 **백제와 신라는 고구려에 맞서기 위해 동맹을 체결하여 힘을 합쳤어요(나·제 동맹).** 하지만 장수왕을 막아낼 수 없었고, 백제는 장수왕의 공격을 받아 한강을 빼앗기고 왕까지 죽고 말았어요. 고구려에 수도를 빼앗긴 **백제는 웅진(오늘날 충청남도 공주시)으로 수도를 옮겼답니다.**

✱ 백제는 위기를 극복하기 위해 어떤 노력을 했을까?

고구려에 밀려 웅진으로 수도를 옮긴 백제였지만 이대로 가만히 있을 수는 없었어요. 6세기 백제는 다시 나라의 힘을 키우기 위해 여러 가지 노력을 했답니다.

먼저 백제 **무령왕은 지방의 중요한 곳에 22담로**[*]를 설치하고 왕족을 파견하였어요. 이를 통해 왕의 명령을 지방까지 잘 전달할 수 있었고, 왕이 지방을 직접 다스리며 지방 귀족들의 힘을 견제할 수 있었답니다.

다음 왕이 된 성왕은 백제의 발전을 위하여 **수도를 사비(오늘날 충청남도 부여)로 또다시 옮기고, 나라 이름을 '남부여'로 바꾸었어요.** 부여를 계승[*]했다는 의미를 담아 고구려에 빼앗긴 옛 영토를 되찾겠다는 다짐을 한 것이었지요.

✱22담로
백제의 지방 행정 구역

✱계승
전통이나 문화유산 등을 물려받아 이어 나감

약속은 어기라고 있는거야~
공부하기로 한 약속?
뭐가 중요해!

하지만 고구려가 차지하고 있던 한강 지역을 백제 혼자의 힘으로 되찾기에는 역부족이었어요. 그래서 성왕은 신라 진흥왕과 힘을 합쳐 고구려에 맞서 싸우기로 결심했어요.

드디어 백제와 신라는 고구려로부터 한강 지역을 빼앗아 오는 데 성공했어요. 그리고 약속대로 백제는 한강의 하류 지역을, 신라는 한강의 상류 지역을 사이좋게 나누어 가졌어요. 하지만 얼마 지나지 않아 신라 진흥왕은 생각했어요.

'우리 신라가 더욱 힘을 키우려면 한강 상류만으로는 부족해!'

결국 **진흥왕은 백제와 했던 약속을 배신하고 백제가 차지한 한강 하류 지역을 다시 공격해 빼앗았어요**. 깜짝 놀란 백제 성왕은 화가 나 군사를 이끌고 신라와 싸웠지만, **관산성 전투에서 패해 죽고 말았답니다**. 이로써 6세기 신라의 전성기가 시작되는 순간이었어요.

✱ 6세기 전성기를 맞이한 신라는 주변국에 어떤 영향을 주었을까?

백제와 고구려가 전성기를 맞이하는 동안 신라는 두 나라의 힘에 눌려 세력을 키우지 못하고 있었어요. 4세기 후반 광개토 대왕에게 도움을 요청할 정도였지요.

그러나 신라는 6세기 **지증왕**이 나라의 여러 정책을 새롭게 가다듬으며 성장하기 시작했어요. 지증왕은 **소를 이용하여 농사를 짓는 우경을 장려**하고, **왕이 죽으면 사람을 같이 묻는 순장을 금지**했어요. 우경이 실시되며 식량 생산량이 증가하였고, 순장이 금지되며 많은 노동력을 확보할 수 있었어요. 또한 '마립간'이라 불리던 칭호를 **'왕'이라는 중국식 칭호**로 변경하고 **나라 이름도 '사로국'에서 '신라'로 바꾸어** 새로운 변화를 이끌어갔어요.

이어 왕위에 오른 **법흥왕**은 왕권을 강화하기 위한 여러 가지 정책을 펼쳤어요. 백성들을 하나로 모으기 위해 **불교를 공인**하고 국가 법률에 해당하는 **율령을 반포**하여 체제를 정비했지요.

그런데 불교를 공인하는 것이 왜 왕권을 강화하는 것과 관련 있는 걸까요? 불교는 백성들의 혼란스러운 마음을 하나로 모으고 나라를 안정시키는 역할도 하지만, '왕이 곧 부처님'이라는 생각을 심어주어 백성들이 왕을 잘 따르도록 할 수도 있었어요. 또한 불교는 전생에 큰 덕을 쌓아 왕이 되었다는 주장을 바탕으로 왕권을 뒷받침해 주었답니다.

✱장려
좋은 일에 힘쓰도록 북돋아 줌

✱공인
공식적으로 인정함

✱전생
태어나기 이전에 살았던 삶

신라의 불교 수용을 가능하게 한 이차돈의 희생

법흥왕 이전부터 신라에 불교가 들어와 있긴 했지만 이미 귀족들 사이 토착 신앙이 뿌리내리고 있었기 때문에 귀족들이 불교를 거부했어요. 불교를 공인하고 싶었던 법흥왕의 고민은 깊어져만 갔죠.

이때 **이차돈**이라는 신하가 법흥왕에 말했어요.

"저의 목을 베어 신하들에게 왕의 위엄을 보여주십시오. 저의 목을 베는 순간 기적이 일어날 것입니다."

여러 사람이 보는 앞에서 이차돈의 목을 베자, 목이 잘린 곳에서 우윳빛처럼 하얀 피가 솟구쳤어요. 이에 놀란 귀족들은 더 이상 불교 공인을 거부하지 못했고, 신라는 불교를 공식적으로 인정할 수 있었다고 해요.

✱토착 신앙
어느 사회나 지역에서 내려오는 고유한 신앙

▲ 이차돈 순교비

이렇게 지증왕과 법흥왕이 나라의 기틀을 잘 다진 덕분에, 신라는 **진흥왕 때 한강을 차지하고 전성기를 이룰 수 있었어요**. 진흥왕은 한강을 넘어 계속해서 영토를 확장하였고, 남쪽으로는 **대가야를 정복**하고 북쪽으로는 함경도까지 진출하였어요. 진흥왕은 신라의 영토 확장을 기념하기 위해 전국 곳곳에 **순수비**[*]를 세웠답니다.

▲ 6세기 신라 전성기

＊순수비
왕이 살피며 돌아다닌 곳을 기념하기 위해 세운 비석

▲ 서울 북한산
신라 진흥왕 순수비

능력 온달 O X 퀴즈　　이 글의 내용과 일치하면 O표, 일치하지 않으면 X표 해보세요.

❶ 삼국 중 신라가 가장 먼저 전성기를 맞이하였습니다.　　　　　　　　　　　　　(○ , X)

❷ 신라 법흥왕은 불교를 수용하고 율령을 반포하였습니다.　　　　　　　　　　　(○ , X)

능력 평강 퀴즈

❶ 다음 시기에 백제의 전성기를 이끈 왕의 이름을 쓰시오.

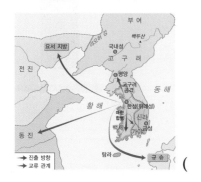

(　　　　　　　　)

❷ 고구려 장수왕의 활동으로 옳지 <u>않은</u> 것을 고르시오.
(　　　)

① 대가야를 멸망시켰다.
② 한강 지역을 차지하였다.
③ 평양으로 수도를 옮겼다.
④ 광개토 대왕릉비를 세웠다.
⑤ 고구려의 전성기를 이끌었다.

😺 정답과 해설 5쪽

초능력 Level up 문제

정답과 해설 5쪽

우리학교 객관식 문제

01 다음 비석을 세운 국가에 대한 설명으로 옳은 것은?

광개토 대왕릉비

① 온조가 건국하였다.
② 태학을 설립하였다.
③ 대가야를 정복하였다.
④ 웅진으로 수도를 옮겼다.
⑤ 마립간이라는 칭호를 사용하였다.

02 밑줄 친 '국왕'에 대한 설명으로 옳은 것을 〈보기〉에서 고른 것은?

> 국왕은 신라 진흥왕과 힘을 합쳐 한강 유역의 일부를 차지하였다.

| 보기 |

ㄱ. 사비로 수도를 옮겼다.
ㄴ. 관산성 전투에서 죽음을 맞이하였다.
ㄷ. 불교를 공인하고 율령을 반포하였다.
ㄹ. 한강 유역을 차지하고 순수비를 세웠다.

① ㄱ, ㄴ　　② ㄱ, ㄷ　　③ ㄴ, ㄷ
④ ㄴ, ㄹ　　⑤ ㄷ, ㄹ

우리학교 주관식 문제

03 다음 자료의 ㉠, ㉡, ㉢에 들어갈 단어를 쓰시오.

> 고구려 장수왕은 수도를 (㉠)(으)로 옮긴 뒤 백제를 공격하여 한강 유역을 차지하였다. 한편, 백제는 장수왕에게 한강 유역을 빼앗기자 수도를 (㉡)(으)로 옮겼고 이후 성왕 때 수도를 (㉢)(으)로 옮겼다.

㉠:　　　　㉡:　　　　㉢:

한국사능력검정시험

04 (가)에 들어갈 내용으로 옳은 것은?

기본 61회

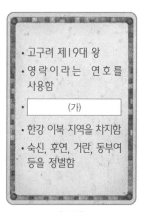

- 고구려 제19대 왕
- 영락이라는 연호를 사용함
- 　　(가)
- 한강 이북 지역을 차지함
- 숙신, 후연, 거란, 동부여 등을 정벌함

(앞면)　　　　(뒷면)

① 태학을 설립함
② 평양으로 천도함
③ 천리장성을 축조함
④ 신라에 침입한 왜를 격퇴함

우리학교 객관식 문제

05 밑줄 친 '왕'에 대한 설명으로 옳은 것은?

> 신하들이 '신라국왕'이라는 호칭을 올리니 왕이 이를 따랐다.

① 한강 유역을 차지하였다.
② 국호를 신라로 정하였다.
③ '영락'이라는 연호를 사용하였다.
④ 22담로를 설치하고 왕족을 파견하였다.
⑤ 율령을 반포하고 태학을 설립하였다.

06 (가)에 들어갈 내용으로 옳은 것은?

> 고구려의 소수림왕과 신라의 법흥왕은 왕권을 강화하고 체제를 정비하기 위해 공통적으로
> |_____(가)_____|

① 수도를 옮겼다.
② 국호를 바꾸었다.
③ 율령을 반포하였다.
④ 백제와 동맹을 맺었다.
⑤ 한강 유역을 차지하였다.

우리학교 주관식 문제

07 다음 자료를 읽고 물음에 답하시오.

(1) 유물의 이름을 쓰시오. (   )
(2) 유물을 통해 알 수 있는 사실을 쓰시오.
　(   )

한국사능력검정시험

08 다음 가상 인터뷰에 등장하는 왕의 업적으로 옳은 것은?

기본 55회

즉위하신 이후에 어떤 일을 하셨나요?

한강 유역을 차지한 뒤, 이를 기념하여 북한산에 순수비를 세웠습니다. 그리고 화랑도를 국가적인 조직으로 개편했습니다.

① 국학을 설립하였다.
② 병부를 설치하였다.
③ 대가야를 정복하였다.
④ 독서삼품과를 실시하였다.

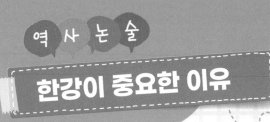

역사 논술

한강이 중요한 이유

삼국은 왜 한강을 차지하기
위해 서로 싸웠을까?

세계에서 가장 먼저 문명을 발달시킨 세계 4대 문명이 모두 강 근처에서 탄
생했다는 사실, 알고 계셨나요?

세계 4대 문명은 메소포타미아 문명, 인더스 문명, 이집트 문명, 황하 문명(황
허 문명)을 말해요. 4대 문명의 발생한 곳은 모두 큰 강을 끼고 북쪽에 위치하
고 있었으며, 대부분이 기후가 온화하고 기름진 토지를 갖고 있는 지역이에
요. 4대 문명은 강 근처에 있는 덕분에 기후 · 교통 · 토지 등 고대 농업이 발달
하기에 유리하였고, 그 덕분에 문명이 발생할 수 있었을 거라고 추측되어요.

그래서 삼국 시대에도 한강을 둘러싼 세 나라의 전쟁이 계속되었고, 한강을
차지한 나라가 전성기를 맞이할 수 있었어요.

세계 4대 문명과 한강

오픈아이

설쌤! 무슨 일이에요?

내가 실수로 미래를 말해버렸지 뭐야….

그래도 고기가 생겨서 좋아요!

설쌤! 저기 누가 울고 있어요!

잠깐! 대야성에서 딸과 사위를 잃었다고? 그럼 이 사람이 바로… 김춘추?

무슨 일이 있으시길래 이렇게 슬프게 우세요?

얼마 전 백제군이 대야성을 공격하였는데 그때 내 딸과 사위가 죽었어요….

지금 당장 원수를 갚아야죠!

그러고 싶지만, 지금은 우리 신라의 힘이 약해 어떻게 하는 게 좋을지 고민이 많습니다.

고구려한테 도와 달라고 해봐요! 설쌤이랑 평강이…읍!

오호, 고구려에게 도움을…?

얘들아… 떠나자!!

한판 정리

가야의 성립과 멸망

	금관가야	대가야
특징	• 건국 이야기 : 김수로, 구지가 • 전기 가야 연맹 주도 • 낙랑과 왜 사이 중계 무역 • 철을 낙랑과 왜에 수출	• 후기 가야 연맹 주도
유적, 유물	• 김해 대성동 고분군 • 판갑옷	• 고령 지산동 고분군 • 판갑옷과 투구
멸망	• 신라 법흥왕이 정복	• 신라 진흥왕이 정복

한판 정리

★ 고구려와 수·당의 전쟁 그리고 신라의 삼국 통일

고구려 vs 수·당	신라의 통일 과정
• 고구려 vs. 수 : 을지문덕의 살수 대첩 • 고구려 vs. 당 : 안시성 전투	① 나·당 동맹(김춘추) ② 황산벌 전투(계백) → 백제 멸망 → 백제 부흥 운동(흑치상지, 백강 전투) ③ 고구려 멸망 → 고구려 부흥 운동 ④ 나·당 전쟁 : 매소성·기벌포 전투 ⑤ 신라 삼국 통일(문무왕)

철의 나라 가야에 대해 알아봅시다

✱ 가야는 어떻게 생겨났을까?

삼한의 변한 지역에서 성장한 가야는 고려 시대 일연 스님이 쓴 『삼국유사』에 신비한 건국 이야기가 전해지고 있어요.

어느 날 구지봉이라는 산봉우리에서 하늘의 목소리가 들려왔어요. 이를 들은 아홉 마을의 촌장들이 춤을 추며 노래(**구지가**)를 불렀어요.

"거북아, 거북아, 네 머리를 내밀어라. 그렇지 않으면 구워서 먹으리."

그러자 하늘에서 붉은 보자기로 감싸진 황금 상자가 내려왔는데, 며칠 뒤 상자 안에 있는 여섯 개의 알에서 남자아이들이 태어났어요! 그중 제일 먼저 태어난 아이가 바로 **금관가야를 세운 김수로**예요. 나머지 다섯 명의 아이들도 자라 각각 다섯 가야의 왕이 되었답니다. 이렇게 탄생한 총 여섯 개의 가야는 하나의 나라로 합쳐지지 못하고, 그 대신 함께 연맹[*]을 이루어 발전하였어요.

김수로 탄생 설화

북쪽 구지봉(龜旨峯)에 신비한 기운이 있어 사람들이 모이니 하늘에서 나라를 새로 세워 인금을 모시라는 소리가 들렸다. 얼마 후 하늘에서 붉은 보자기에 싸인 금으로 만든 상자가 내려와 열어 보니 황금 알 여섯 개가 있었다. 여섯 알은 얼마 후 어린아이가 되었는데 첫 번째 아이를 왕으로 모셨다. 세상에 처음 나타났다고 하여 이름을 수로(首露)라고 하였다.　　　－『삼국유사』－

✱ 연맹
공동의 목적을 가진 단체나 조직체

✱ 금관가야는 어떤 나라였을까?

김수로가 세운 금관가야는 **김해 지역**에 자리를 잡아 여섯 가야 중 가장 강력한 나라로 성장하였어요. 그래서 금관가야가 여섯 가야를 하나로 모아 **전기 가야 연맹**을 이끌어 갔답니다.

금관가야는 육지와 남해가 만나는 교통의 중심지에 있다는 점을 활용하여 **낙랑과 왜의 중간에서 이들을 연결해주는 중계 무역**으로 크게 발전하였어요. 그리고 김해 지역에서 생산되는 질 좋은 **철을 낙랑과 왜 등 여러 나라에 수출**하고, 화폐처럼 쓸 수 있는 덩이쇠를 만들어 교역*에 활용하기도 했어요.

'철의 나라'라고 불리는 가야의 우수한 철기 문화는 **김해 대성동 고분군에서 발견된 철제 판갑옷** 등의 문화유산을 통해 확인할 수 있답니다.

하지만 가야에게도 위기가 찾아왔어요. 4세기 후반, 고구려 광개토 대왕이 신라에 침입한 왜를 물리치기 위해 한반도의 남쪽으로 군사를 이끌고 왔기 때문이에요. 이때 광개토 대왕은 금관가야까지 공격했고, 큰 타격을 받은 금관가야는 무너지기 시작했어요.

결국 금관가야가 이끌던 전기 가야 연맹은 힘을 잃었고, 6세기 **신라 법흥왕의 공격을 받아 금관가야는 멸망**하고 말았어요.

✱교역
나라와 나라 사이에서 물건을 사고팔며 서로 바꿈

▲ 덩이쇠

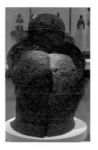

▲ 김해 대성동
고분군 출토 판갑옷

이제 대가야 너에게 맡긴다!

대가야   금관가야

✳ 대가야는 어떤 나라였을까?

금관가야는 힘을 잃었지만 고구려와 멀리 떨어져 있던 **고령 지역의 대가야가 다시 후기 가야 연맹을 이끌기 시작**했어요.

대가야도 금관가야처럼 질 좋은 철이 많이 생산되었는데, **고령 지산동 고분군**에서 출토된 철제 판갑옷과 투구를 통해 이를 확인할 수 있어요. 이 외에도 금동관, 다양한 모양의 토기 등을 통해 당시 사람들의 생활 모습을 짐작할 수 있답니다.

▲ 가야의 중심지 이동

하지만 대가야가 가야 연맹을 주도하던 이 무렵은 이미 신라가 힘을 길러 강해진 후였고, 결국 대가야가 **신라 진흥왕에게 멸망**하며 가야는 신라에 속하게 되었어요.

가야 사람들 중 신라로 가서 활약했던 사람들도 있는데, 신라의 삼국 통일에 큰 공을 세운 김유신의 할아버지인 김무력 장군이나, 가야금을 만든 우륵 등이 있답니다.

▲ 고령 지산동 고분군 출토 판갑옷과 투구

▲ 고령 지산동 고분군 출토 금동관

가야금과 우륵

가야금은 가야국 가실왕이 당나라의 악기를 보고 만들었다. 대가야의 왕은 악사 **우륵**에게 명하여 12곡을 짓게 하였다. 후에 우륵은 대가야가 장차 어지러워질 것으로 생각하여 악기를 지니고 **신라 진흥왕에게 투항**하였다. 진흥왕은 그를 받아 국원에 안치하고, 대나마 주지, 계고와 대사 만덕을 보내 그 업을 전수받게 하였다.

－『삼국사기』－

＊**투항**
적에게 항복함

＊**국원**
지금의 충주 지역

신라의 삼국 통일 과정을 알아봅시다

더 알아보기

✳ 고구려는 수와 당의 공격을 어떻게 물리쳤을까?

중국은 수백 년 동안 여러 나라로 나누어져 혼란스러웠어요. 하지만 7세기 중국이 하나로 통일되며 안정을 찾았는데, 이때 중국을 통일한 나라가 수였어요. 나라 안을 안정시킨 수는 이제 나라 밖으로 관심을 돌려 국경을 맞대고 있는 고구려까지 정복하고자 했어요. 하지만 수의 공격에 순순히 당하고만 있을 고구려가 아니었죠.

수의 황제가 100만 명이 넘는 군사를 이끌고 직접 고구려에 침입했음에도 고구려가 꿈쩍하지 않자, 수는 30만 명의 별동대*를 꾸려 고구려의 수도인 평양성을 곧바로 공격할 계획을 세웠어요. 그러나 이를 눈치 챈 **고구려의 장군 을지문덕**은 수와의 전투에서 패배하는 척하며 수의 군사들을 평양성 깊숙이 유인했어요.

결국 많은 전투에 지칠 대로 지친 수가 돌아가기로 결정하고 살수*의 강을 건널 때, 숨어있던 을지문덕의 군사들이 수를 공격하여 크게 물리쳤어요. 이때 벌어진 전투를 '**살수 대첩***'이라고 한답니다.

✳별동대
작전을 위해 독자적으로 행동하는 부대

✳살수
오늘날 청천강

✳대첩
크게 승리함

고구려를 공격하려다 실패한 수는 결국 힘을 잃어 멸망하였고, 수의 뒤를 이어 당이 세워졌어요. 그러자 고구려는 **당의 침입에 대비하여 천리장성을 세우기 시작**했어요.

천리장성이 완성될 무렵, 고구려를 호시탐탐 노리던 당이 고구려를 정복하기 위해 다시 쳐들어왔어요. 하지만 고구려는 안시성에서 당을 크게 물리쳐 승리를 거두었는데, 이를 '**안시성 전투**'라고 해요.

고구려가 수와 당의 침입을 모두 막아내자, 당의 태종 황제는 '다시는 고구려를 공격하지 말라.'는 유언을 남겼다고 해요.

✳ 신라는 왜 당과 동맹을 맺었을까?

고구려가 수·당과 싸우고 있는 동안 남쪽에서는 백제와 신라가 싸우고 있었어요. 백제가 신라 진흥왕에게 한강을 빼앗긴 이후, 계속해서 신라를 공격했던 것이죠. 그러던 어느 날, 백제가 신라의 대야성을 공격하고 40여 개의 성을 빼앗았어요. 이 소식을 들은 신라의 **김춘추**는 심장이 덜컥 내려앉았어요. 바로 딸과 사위가 대야성에 있었기 때문이었죠.

딸과 사위가 죽었다는 소식을 들은 김춘추는 큰 충격과 함께 위기에 빠진 신라를 어떻게 하면 구할 수 있을까 깊은 고민에 빠졌어요. 신라 혼자만의 힘으로는 백제와 싸워 이길 수 없다고 생각한 김춘추는 먼저 고구려로 향해 연개소문[*]에게 도움을 요청했어요.

하지만 연개소문이 신라가 갖고 있는 옛 고구려 땅을 돌려 달라며 무리한 요구를 하자, 김춘추는 이를 거부하고 당으로 발길을 돌렸어요.

고구려 정복에 실패했던 당은 신라의 제안을 기쁘게 받아들였어요. 이로써 **당과 동맹(나·당 동맹)을 맺는 데 성공한 김춘추는 무열왕으로 즉위한 후 당과 함께 백제를 향한 복수를 시작**했어요. 앞으로 한반도의 운명은 어떻게 흘러갈까요?

연개소문

고구려의 정치가이자 장군으로, 천리장성 공사를 감독하며 권력을 장악하였어요. 영류왕을 몰아내고 스스로 대막리지의 자리에 올라 최고 권력자가 되었어요.

얘들아~
나랑 동맹 맺고,
온달이 공부 못하게
방해하자!

아니야!
우리는 온달이랑 끝까지
열심히 할 거야!

✱ 백제는 어떻게 멸망하였을까?

나·당 연합군이 백제를 공격하자 백제 의자왕은 계백 장군에게 5천여 명의 군사를 내어 주며 백제를 지켜달라고 했어요. 명령을 받은 계백 장군은 전쟁터에 나가기 전, 자신의 부인과 자식을 죽이며 이제 돌아올 곳이 없으니 목숨을 걸고 전쟁에 임하겠다는 각오를 다졌다고 해요.

황산벌에 도착한 계백과 병사들은 김유신이 이끄는 신라군 5만 명과 치열한 전투를 벌였어요. 처음에는 백제군이 신라군에 잘 맞서 싸웠지만, 결국 계백은 **황산벌 전투**에서 패배하고 말았답니다. 계백이 무너지자 백제는 더 이상 김유신에 맞설 수 없었고, **660년 수도가 함락되어 백제는 멸망**하고 말았어요.

백제가 멸망하자 백제를 다시 일으켜 세우기 위한 부흥✱ 운동이 발생했어요 **(백제 부흥 운동).** 특히 백제와 친했던 왜가 군사를 보내 백제의 부흥 운동을 도와주기도 했어요.

백제 부흥군과 왜군이 힘을 합쳐 나·당 연합군과 맞서 싸웠지만 **백강 전투** 에서 패배하고 말았고, 그렇게 백제 부흥 운동은 실패로 끝나게 되었습니다.

✱**부흥**
쇠퇴하였던 것이 다시 일어남

✱**백강**
오늘날 금강

✱ 고구려는 어떻게 멸망하였을까?

백제를 멸망시키는 데 성공한 나·당 연합군은 곧바로 고구려를 공격하였어요. 승승장구*하던 고구려는 연개소문이 죽은 후 벌어진 권력 다툼으로 혼란스러운 상황이었죠.

결국 668년 나·당 연합군의 공격을 이겨내지 못한 고구려는 평양성을 잃으며 멸망하고 말았어요.

고구려가 멸망하자 검모잠, 안승 등이 신라의 도움을 받으며 고구려 부흥 운동을 벌였지만 결국 실패했어요. 그런데 고구려를 멸망시킨 신라가 왜 고구려 부흥 운동을 도와줬을까요? 잠시 후 공개할게요.

✱승승장구
싸움에서 이긴 기세를 타고 계속 몰아침

✱ 신라는 어떻게 삼국 통일을 완성할 수 있었을까?

신라와 당은 동맹을 맺을 때, 백제와 고구려를 멸망시킨 뒤 신라가 평양 남쪽의 땅을 가지기로 약속했어요. 그런데 당이 옛 백제 땅과 옛 고구려 땅, 심지어 신라의 땅에도 당의 관청*을 설치했어요. 당이 신라까지 멸망시키고 한반도 전체를 지배하려는 욕심을 드러낸 것이었죠.

일찍감치 당의 욕심을 알아차린 신라 문무왕은 당과의 전쟁을 준비했어요. 고구려의 부흥 운동을 도와주었던 것도 이러한 이유 때문이었죠. 결국 한반도에서 당을 몰아내기 위한 전쟁이 시작되었답니다(나·당 전쟁).

문무왕은 매소성과 기벌포 전투에서 당의 군대를 크게 물리쳤어요. 드디어 신라가 한반도에서 당을 완전히 몰아내고 삼국을 통일한 거예요!

✱관청
국가의 사무를 담당하는 국가기관

> 삼국 통일의 주인공은 바로 우리!

✱ 신라의 삼국 통일을 어떻게 평가할 수 있을까?

삼국으로 나누어진 한반도는 신라에 의해 하나로 통일되었어요. 비록 이 과정에서 신라는 당의 힘을 빌렸고, 옛 고구려의 땅을 모두 차지하지는 못하였지만, 우리 역사상 최초의 통일을 이루어내 민족 문화의 기틀을 마련했다는 점에서 큰 의미가 있어요.

▲ 통일 신라의 9주 5소경✱

✱9주 5소경
신라의 삼국 통일 이후 넓어진 영토를 다스리기 위하여 신문왕이 마련한 통일 신라의 지방 행정 제도

초능력 온달 ⭕ ❌ 퀴즈
이 글의 내용과 일치하면 O표, 일치하지 않으면 X표 해보세요.

❶ 대가야가 전기 가야 연맹을 주도하였습니다. (◯ , ✕)

❷ 황산벌에서 김유신의 신라군이 계백의 백제군에 승리하였습니다. (◯ , ✕)

초능력 평강 퀴즈

❶ 다음에서 설명하는 인물의 이름을 쓰시오.

- 당과 동맹을 맺었다.
- 태종 무열왕으로 즉위하였다.
- 백제를 멸망시켰다.

( )

❷ (가)~(다)를 일어난 순서대로 옳게 나열한 것은?

( )

(가) 계백이 전사하였다.
(나) 나·당 동맹이 체결되었다.
(다) 매소성 전투에서 승리하였다.

① (가)-(나)-(다)
② (나)-(다)-(가)
③ (나)-(가)-(다)
④ (다)-(나)-(가)

✪ 정답과 해설 7쪽

초능력 Level up 문제

정답과 해설 7쪽

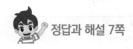

우리학교 객관식 문제

01 밑줄 친 '이 국가'에 대한 설명으로 옳은 것은?

> 이 국가는 고구려 광개토 대왕의 공격을 받아 힘이 약해졌고 이후 신라 법흥왕의 공격을 받아 멸망하였다.

① 주몽이 건국하였다.
② 당나라와 동맹을 맺었다.
③ 살수에서 적군을 물리쳤다.
④ 후기 가야 연맹을 이끌었다.
⑤ 철을 생산하여 낙랑과 왜에 수출하였다.

02 (가), (나) 시기 사이의 사실로 옳은 것을 〈보기〉에서 고른 것은?

> (가) 고구려가 안시성에서 당나라 군대를 물리쳤다.
> (나) 고구려가 나·당 연합군의 공격을 받아 멸망하였다.

| 보기 |

ㄱ. 대가야가 멸망하였다.
ㄴ. 황산벌 전투가 벌어졌다.
ㄷ. 나·당 동맹이 결성되었다.
ㄹ. 신라가 삼국을 통일하였다.

① ㄱ, ㄴ   ② ㄱ, ㄷ   ③ ㄴ, ㄷ
④ ㄴ, ㄹ   ⑤ ㄷ, ㄹ

우리학교 주관식 문제

03 다음 지도와 같이 가야의 중심지가 이동하게 된 이유를 쓰시오.

(   )

한국사능력검정시험

04 (가)~(다)를 일어난 순서대로 옳게 나열한 것은?

기본 61회

① (가)-(나)-(다)   ② (나)-(가)-(다)
③ (나)-(다)-(가)   ④ (다)-(나)-(가)

681년 — 신문왕 즉위
698년 — 발해 건국

오픈아이

우리 이제 미래에 대해 말하지 않기로 약속하자!

김춘추가 고구려에 도움을 요청하러 갔었는지 몰랐어요.

이제부터 알면 돼! 온달아~

얼마 전 용으로부터 대나무를 하나 얻어왔는데 이것으로 피리를 만들라고 하더이다. 여러분의 의견은 어떻소?

만드는 것이 좋을 듯합니다.

만드시지요.

설쌤! 저 사람들 밥 먹는 건가요?

대나무를 얻었다라… 아! 저 왕은 신문왕이구나!

온달아! 또 먹는 이야기니?

아무래도 대나무 피리(만파식적)를 만들기 전 회의를 하는 듯해!

만파식적이라면 나라를 보호해 준다는 그 전설의 피리!! 맞죠?

맞아! 적군이 공격해 올 때 피리를 불었더니 적군이 물러났다는 이야기가 전해지고 있어.

배고플 때 피리를 불면 음식도 나오나요?

으이구!

거기 누구냐!!!

얘들아! 피하자!

통일 신라와 발해의 발전

통일 신라 신문왕	발해	
• 김흠돌의 난 진압 • 만파식적 이야기 • 관료전 지급·녹읍 폐지 • 국학 설립	건국	• 대조영(고왕)이 말갈족을 이끌고 동모산에서 건국
	발전	• 무왕 : 장문휴가 당의 산둥반도(등주) 공격 • 문왕 : 당·신라와 교류, 주자감 설치 • '해동성국'이라고 불림
	특징	• 고구려 계승 : 온돌, 발해 석등, 연꽃무늬 수막새, 이불병좌상 등

통일 이후 신라의 모습을 알아봅시다

 **더 알아보기**

＊장인
아내의 아버지

＊반란
정부나 지도자에 반항하여 운동을 일으킴

＊관료전
관리가 일한 대가로 받는 토지로 농민에게 국가 대신 세금을 걷을 수 있는 수조권이 지급됨

＊녹읍
관리가 일한 대가로 받는 토지로 수조권과 함께 백성들의 노동력도 사용할 수 있었음

＊ 통일 신라 신문왕은 어떤 정책을 펼쳤을까?

삼국을 통일한 문무왕의 뒤를 이어 왕이 된 **신문왕**은 넓어진 땅을 잘 다스리고 혼란스러운 나라를 안정시켜야 했어요. 그런데 얼마 지나지 않아 장인이었던 김흠돌이 반란을 일으킨 거예요. 신문왕은 김흠돌을 비롯한 귀족들을 죽이며 반란을 진압하였고, 왕의 힘이 얼마나 강한지 보여줬어요.

신라를 더욱 강한 나라로 만들기 위해 귀족들의 힘을 빼앗아야겠다고 생각한 신문왕은 **관료전을 지급**하는 대신 귀족들의 특권이었던 **녹읍을 폐지**했어요.

또한 **국학이라는 교육 기관을 설립**하고 유학을 가르치며 왕에 대한 충성심을 가르치기도 했지요.

이렇듯 신라가 통일된 이후 하루빨리 평화가 찾아오길 바라는 신라 사람들의 염원은 '만파식적 이야기'에도 잘 나타나 있어요.

신문왕의 만파식적 이야기
왕이 행차에서 돌아와 대나무로 피리를 만들어 월성의 천존고(天尊庫)에 간직하였다. 이 피리를 불면, 적병이 물러가고 병이 나으며, 가뭄에는 비가 오고 장마는 개며, 바람이 잦아들고 물결이 평온해졌으므로 이를 만파식적(萬波息笛)이라 부르고 국보로 삼았다. ─『삼국유사』─

발해의 성립과 발전에 대해 알아봅시다

✳ 대조영은 발해를 어떻게 세웠을까?

더 알아보기

신라가 삼국을 통일한 이후 많은 고구려 사람들이 당으로 끌려갔어요. 당 관리들의 괴롭힘으로 고구려 사람들이 힘들게 살아가던 중, 당에 있던 거란족이 반란을 일으켰어요.

이 틈을 타 **옛 고구려의 장수였던 대조영**✳은 고구려와 말갈족 사람들을 이끌고 당에서 탈출하기로 결심했어요. 당이 이를 눈치채고 군대를 보냈지만, 대조영은 쫓아오는 당의 군대를 크게 물리치고 옛 고구려의 땅인 **동모산으로가 발해를 건국**하였어요.

이로써 한반도의 남쪽에는 통일 신라가, 북쪽에는 발해가 있는 **남북국 시대**가 열렸답니다.

대조영
대조영은 죽은 뒤 고왕이라고 불렸어요.

▲ 발해의 영토(선왕)

고구려를 이은 새로운 나라를 세워야겠어!

✳ 무왕은 발해를 어떻게 발전시켰을까?

대조영의 뒤를 이어 왕이 된 **무왕(대무예)**은 발해의 힘을 키우기 위해 노력했어요. 발해의 성장을 경계하던 당이 발해를 호시탐탐 노리고 있었거든요.

그러다가 동생 대문예*가 당으로 가버려 화가 난 무왕은 **장문휴 장군을 시켜 당의 산둥반도(등주)를 공격하도록 했어요**. 결국 발해가 승리하였고, 당은 더 이상 발해를 만만하게 볼 수 없었답니다.

대문예
당과 친한 흑수말갈을 공격하라는 무왕의 명령이 무모하다고 생각하여 당으로 도망쳐 당에 항복하였어요.

✳ 발해는 어떻게 해동성국이라고 불리게 되었을까?

이어 왕이 된 **문왕**은 무왕과 다르게, 주변 나라들과 사이좋게 지내며 발해를 발전시켜야겠다고 생각해 **당, 신라와 교류**하기 시작했어요. **주자감**이라는 교육 기관을 만들어 유학 교육을 실시하기도 했지요.

이렇게 점점 발전한 발해는 10세기 선왕 때가 되자 전성기를 맞이해 주변국으로부터 '**해동성국**'이라 불렸답니다.

✳**교류하다**
문화나 사상 따위를 서로 통하게 함

✳**해동성국**
바다 동쪽의 성대한 국가

✱ 발해가 고구려를 이은 나라라는 사실은 어떻게 알 수 있을까?

옛 고구려의 장수 대조영이 옛 고구려의 영토에서 세운 발해는 많은 유물과 유적들을 통해 **고구려를 계승**했다는 사실을 알 수 있어요. **온돌**이나 **발해 석등, 연꽃무늬 수막새, 이불병좌상** 등이 고구려 문화와 매우 비슷하며 일본에 보낸 문서에는 발해의 왕을 '고려 국왕'이라고 표현하기도 했어요.

이렇듯 고구려 문화를 바탕으로 당과 말갈족의 문화를 하나로 합친 발해는 독자적인 문화를 이루며 발전하였답니다.

▲ 발해 석등

▲ 연꽃무늬 수막새

▲ 이불병좌상

더 알아보기

고구려를 계승한 발해

• 고구려의 남은 자손들이 동류(同類)를 끌어모아 북으로 태백산 아래에 발을 붙이고 국호를 발해라고 하였다.
　　　－ 김부식, 『삼국사기』 －

• 대조영은 본래 고구려의 별종(別種)이다. 고구려가 멸망하자 영주로 이주하였는데 …… 그 무리를 이끌고 동으로 가서 계루(부)의 옛 땅을 차지하고 동모산에 웅거하였다.
　　　－ 『구당서』 －

초능력 온달 ⭕ ❌ 퀴즈 　이 글의 내용과 일치하면 O표, 일치하지 않으면 X표 해보세요.

❶ 신문왕은 주자감이라는 교육 기관을 설립하였습니다. 　　　　　　　(⭕ , ❌)

❷ 대조영이 동모산 지역에서 발해를 건국하였습니다. 　　　　　　　(⭕ , ❌)

초능력 평강 퀴즈

❶ 다음에서 설명하는 발해의 왕을 쓰시오.

> • 당 및 신라와 대립하였다.
> • 장문휴로 하여금 당의 산둥반도를 공격하게 하였다.

（　　　　　　　　　）

❷ (가) 나라에 대한 설명으로 옳은 것을 고르시오.
（　　　　）

① 백제를 계승하였다.
② 한강 지역을 차지하였다.
③ 을지문덕이 수를 물리쳤다.
④ 고구려 유민들로만 구성되었다.
⑤ 당으로부터 '해동성국'이라고 불렸다.

 정답과 해설 8쪽

 정답과 해설 8쪽

우리학교 객관식 문제

01 밑줄 친 '왕'에 대한 설명으로 옳은 것은?

> 왕이 행차에서 돌아와 대나무로 피리를 만들어 간직하였다. 이 피리를 불면, 가뭄에는 비가 오고 장마는 개며, 바람이 잦아들고 물결이 평온해졌으므로 이를 만파식적이라 불렀다.

① 삼국을 통일하였다.
② 주자감을 설치하였다.
③ 당의 산둥반도를 공격하였다.
④ 동모산 일대에서 발해를 건국하였다.
⑤ 관료전을 지급하고 녹읍을 폐지하였다.

02 다음 유물과 관련된 국가에 대한 설명으로 옳은 것을 〈보기〉에서 고른 것은?

이불병좌상

| 보기 |

ㄱ. 국학이 설립되었다.
ㄴ. 해동성국이라 불렸다.
ㄷ. 고구려를 계승하였다.
ㄹ. 박혁거세가 건국하였다.

① ㄱ, ㄴ   ② ㄱ, ㄷ   ③ ㄴ, ㄷ
④ ㄴ, ㄹ   ⑤ ㄷ, ㄹ

우리학교 주관식 문제

03 발해가 고구려를 계승했다는 것을 알 수 있는 이유를 쓰시오.

(   )

한국사능력검정시험

04 (가) 왕의 업적으로 옳은 것은?

> 이 무덤은 신라의 31대 왕인 (가) 의 능으로 전해지고 있습니다. 이 왕은 관리에게 관료전을 지급하고 녹읍을 폐지하여 귀족들의 경제 기반을 약화시켰습니다.

① 국학을 설립하였다.
② 대가야를 정복하였다.
③ 독서삼품과를 실시하였다.
④ 김헌창의 난을 진압하였다.

 신문왕은 귀족들의 힘을 빼앗기 위해 관료전을 지급하고 녹읍을 폐지하였어요. 관료전과 녹읍의 의미를 밝히고 관료전을 지급하고 녹읍을 폐지한 것이 귀족들의 힘을 빼앗는 것과 어떤 연관성이 있는지 서술해 보세요.

04 고구려, 백제, 신라 중 누가 가장 강한가?

	백제	고구려	신라
건국	● ❶ 온[　] : 한강 지역	● 주몽 : 압록강 지역	● 박혁거세 : 경주 지역
전성기	● 근초고왕 : 중국 및 왜와 교류	● ❷ 광[　][　][　]왕 : 신라에 침입한 왜 격퇴 ● ❸ 장[　]왕 : 평양 천도, 한강 차지	● 진흥왕 : 한강 차지

05 철의 나라 가야와 한반도의 주인공 신라

가야

● ❶ 금[　][　][　] : 낙랑과 왜 사이 중계 무역,

신라 ❷ 법[　][　] 이 정복

● 대가야 : 후기 가야 연맹 주도, 신라 ❸ 진[　][　] 이 정복

신라의 삼국 통일 과정

❹ 나 · [　] [　][　]	백제 멸망	고구려 멸망	삼국 통일
김춘추의 활약	황산벌 전투 패배 이후 수도가 함락되며 멸망	나 · 당 연합군에 평양성을 빼앗기며 멸망	당나라군을 상대로 ❺ 매[　]성 전투와 기벌포 전투에서 승리

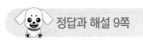

06 통일된 신라와 고구려의 후예 발해

통일 신라
- 신문왕
  - ❶ 관[ ][ ] 지급
  - ❷ 녹[ ] 폐지
  - 국학 설립

발해
- 고구려 계승
- 대조영: 동모산 일대 건국
- 무왕: ❸ 장[ ][ ] (이)가 당의 산둥반도(등주) 공격
- 문왕: 주자감 설치
- ❹ 해[ ][ ][ ] (이)라고 불림

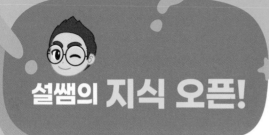

> ## '토끼의 간' 이야기로
> ## 위기를 벗어난 김춘추!

백제의 공격으로 딸과 사위를 잃게 된 김춘추는 고구려의 연개소문을 찾아가 도움을 청하였어요. 그러나 연개소문은 신라가 가져간 옛 고구려 땅을 돌려준다면 도와주겠다고 하였고, 이를 거절한 김춘추를 감옥에 가둬 버렸어요. 그 때 김춘추에게 선도해라는 사람이 다가와 '토끼의 간' 이야기를 들려주었고, 이 이야기에서 김춘추는 신라로 돌아갈 방법을 깨닫게 됩니다. 이후 연개소문에게 신라 왕께 고구려 땅을 돌려주라고 할 테니 풀어달라고 한 김춘추는 간신히 고구려 감옥에서 나올 수 있었어요. 당시 김춘추의 마음을 생각하며 '토끼의 간' 이야기를 읽어 볼까요?

토끼의 간

먼 옛날 바닷속 깊은 곳에 사는 용왕이 큰 병을 앓고 있었습니다.

어느 날 한 신하가 "토끼의 간을 먹으면, 용왕님의 병을 치료할 수 있습니다."라고 말해주었고, 용왕은 자라를 육지로 보내 토끼를 잡아 오게 하였어요.

잡혀 온 토끼는 죽을 위기에 처하자 "나에겐 지금 간이 없어요! 나만 아는 비밀창고에 숨겨두고 다니죠. 나를 지금 죽이면 평생 간을 못 찾을 거예요. 나를 풀어준다면, 간을 찾아서 드릴게요."라고 말하였습니다.

그 말을 믿은 용왕은 다시 토끼를 육지로 보내주었고, 구사일생한 토끼는 그 길로 도망쳐 행복하게 살았다고 합니다.

토끼의 간 이야기의 가장 오래된 기록은 삼국사기에 실려있어요. 이 이야기는 입에서 입으로 전해내려오다,

조선 후기에 본격적으로 기록되어 <수궁가>, <토끼전>, <별주부전> 등으로 발전하게 되었어요.

삼국 중 가장 좋아하는 나라는 어느 나라인가요?
만약, 그 나라가 삼국을 통일한다면 어떠했을지 글과 그림으로
자유롭게 표현해보세요.

가장 좋아하는 나라 :

(   )가 삼국을 통일했다면 어땠을까?

 설명

3

" 서로 다른 문화를
꽃피우며 살아가다 "

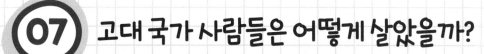
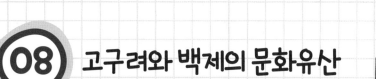

오픈아이

한판 정리

고대 국가의 사회 모습

	고구려	백제	신라	통일 신라
경제	• 진대법 시행 (고국천왕)	• 중국 남조와 교역	• 우경 장려(지증왕) • 당항성을 통해 중국과 교역	• 촌락 문서(민정 문서) • 장보고 : 청해진 설치
사회	• 제가 회의	• 정사암 회의	• 화백 회의 • 골품제 : 골품에 따라 관등 승진·일상 생활 규제 • 화랑도 : 청소년 군사 훈련 단체	

고대 국가의 경제와 사회에 대해 알아봅시다

 더 알아보기

✳ 삼국의 경제 정책에는 무엇이 있었을까?

고대 사회에서는 대부분의 백성들이 농사를 지어 생활하였기 때문에 삼국의 왕들은 어떻게 하면 가난한 농민을 잘 살게 하고, 농업을 발달시킬 수 있을지 고민했어요.

고구려 고국천왕은 한 해의 농사를 망쳐 가난한 농민들이 굶주릴 때 나라에서 식량을 빌려주는 **진대법**을 시행했어요. 봄에 곡식을 빌려주고 가을에 추수하여 갚도록 해 백성들을 도와준 것이었죠.

또 신라 지증왕 때에는 백성들이 더 쉽게 농사를 지을 수 있도록 **우경을 장려**하였어요. 우경은 소를 이용하여 밭을 가는 농사법으로, 사람이 밭을 갈 때보다 훨씬 많은 시간을 절약할 수 있었답니다.

삼국은 주변 나라와도 활발히 교류하며 문물을 발전시키기도 했어요. 백제는 중국 남조와 교류하며 선진 문물을 받아들였고, 신라는 진흥왕이 한강 지역을 차지한 이후 **당항성을 통해 중국과 직접 무역**하였답니다.

> **고국천왕의 진대법 시행**
>
> 고국천왕이 …… 을파소에게 명하여 봄에 관청의 곡식을 내어 꾸어 주고 겨울에 갚게 하는 상설 규정을 만드니 내외가 크게 기뻐하였다.
> ― 『삼국사기』 ―

고국천왕
만세!!

✳ 통일 신라는 왜 촌락 문서(민정 문서)를 작성했을까?

삼국을 통일한 신라에는 넓어진 영토를 잘 다스리고 고구려, 백제 유민들을✳ 잘 통합해야 한다는 과제가 주어졌어요. 이를 위해서는 백성이 내는 세금을 잘 거두어 나라의 힘을 키우고 안정시킬 필요가 있었지요.

그래서 통일 신라는 각 마을에 세금을 내야 하는 백성들이 몇이나 되는지, 농사를 짓는 땅은 얼마나 되는지 등을 꼼꼼히 기록해서 세금을 거두기 위한 자료로 활용했는데, 이를 촌락✳ 문서(민정 문서)라고 해요.

각 촌락에는 촌을 다스리는 촌주가 있었어요. 촌주는 매년 마을의 인구는 몇 명인지, 토지의 넓이는 얼마나 되는지, 나무는 몇 개인지, 소나 말 등 가축의 수는 얼마나 되는지 등 마을의 사정을 조사해두었다가 3년마다 촌락 문서를 작성했어요.

그러면 3년 전과 비교해 마을이 어떻게 변했는지를 알 수 있고, 이 마을에서는 세금을 얼마나 거둘 수 있는지를 확인할 수 있었지요.

신라의 **촌락 문서(민정 문서)**는 신라 사람들이 어떻게 생활했는지를 보여주는 아주 귀중한 자료랍니다.

✳**유민**
망해서 없어진 나라의 백성

✳**촌락**
주로 시골의 마을

▲ 촌락 문서(민정 문서)
1933년 일본 도다이사 쇼소인에서 처음 발견되었다.

3년 전보다 뽕나무가 많아졌네.

▲ 청해진

✳ 바다의 왕자 장보고는 어떻게 해상 무역을 장악할 수 있었을까?

신라가 통일된 지도 꽤 오랜 시간이 지난 어느 날, 바다 근처에서 장보고가 태어났어요. 장보고는 수영, 활쏘기, 말타기 등 어려서부터 뛰어난 재능을 가지고 있었지만, 평민 출신이라는 이유로 신라에서는 성공하기가 힘들었어요. 신라는 골품제를 바탕으로 한 엄격한 신분제 사회였기 때문이에요.

그래서 장보고는 신라를 떠나 당으로 향하였고, 군인이 된 장보고는 뛰어난 무예 실력과 용맹함을 인정받아 높은 자리까지 올랐어요.

그런데 당시 신라에서는 바다에 해적들이 나타나 사람들을 괴롭혀 골머리를 썩고 있었어요. 해적에게 끌려가 고통 받는 신라 사람들의 모습을 지켜볼 수만은 없었던 장보고는 신라로 돌아가기로 결심했어요.

신라로 돌아온 장보고는 왕을 찾아가 말했어요.

"청해(전라남도 완도 지역)에 군사 기지를 설치해주시면, 해적들이 우리 신라 사람들을 잡아가지 못하도록 하겠습니다."

왕의 허락을 받아 청해진을 설치한 장보고는 이곳을 중심으로 해적을 몰아내었어요. 해적이 없어지자 바닷길이 안정되었고, 이로 인해 장보고는 당과 일본을 잇는 해상 무역을 장악할 수 있었답니다.

공부 그만하고,
바다로 놀러 가자고
부모님께 말씀드려봐~

조금만 참고 공부해서,
장보고처럼 위대한
사람이 되어보자!

해적들아!
썩 물렀거라!

✱ 삼국은 나라의 중요한 일을 어떻게 결정하였을까?

청동기 시대 이후부터 사람들 사이에 계급이 발생했다는 사실을 기억하시나요? 삼국 시대의 사람들 역시 태어나면서부터 결정된 자신의 신분에 따라 다른 생활을 하였어요.

힘을 가진 **귀족**들은 나라 운영을 주도하며 많은 토지와 노비를 가졌고, 이를 자식들에게 물려주며 풍족한 생활을 했지요. 그 외 대부분의 사람들은 **평민**으로 농사를 짓고 살았지만, 전쟁에서 져 포로로 잡혀 오거나 죄를 지은 사람들은 **천민**으로서 궂은일을 도맡아 했어요.

이러한 삼국의 신분 차이는 고구려 무덤에 남은 벽화에서도 확인할 수 있어요. 신분이 높은 사람은 크게, 신분이 낮은 사람은 작게 그려 이 당시 사람들은 신분에 따라 차별을 두었다는 사실을 보여준답니다.

지배층인 귀족들은 회의를 열어 나라의 중요한 일을 결정했어요. 고구려는 **제가 회의**,✱ 백제는 **정사암 회의**, 신라는 **화백 회의**로 그 이름이 모두 달랐어요.

▲ 고구려의 무용총 「접객도」

제가 회의

고구려에서 부족장인 여러 '가'들이 모인 회의로, 고구려가 고대 국가로 발전하면서 귀족 회의로 변화하였어요.

고구려의 제가 회의

범죄자가 있으면 **제가들이 모여 회의하여 사형에 처하고** 그 처자는 노비로 삼는다.

– 『삼국지』, 「위서 동이전」 –

백제의 정사암 회의

재상 자리를 논할 때에 뽑을 만한 사람 서너 명의 이름을 써서 상자에 넣고 봉하여 바위 위에 두었다. 얼마 후에 열어 이름 위에 도장 자국이 있는 사람을 재상으로 삼았기 때문에 (정사암이라) 이름을 붙였다.

– 『삼국유사』 –

신라의 화백 회의

나라에 큰일이 있을 때에는 반드시 여러 사람이 모여 의논한 후에 결정하였다. 이를 화백이라고 하였다. **한 사람이라도 반대하는 의견을 내는 사람이 있으면 통과되지 못하였다.**

– 『신당서』 –

✱ 신라의 독특한 신분 제도, 골품제는 무엇일까?

특히 신라에는 **골품제라는 엄격한 신분 제도**가 있었어요. '뼈에도 등급이 있다'는 뜻의 골품제는 등급에 따라 관리의 승진부터 집의 규모, 옷의 차림 등 일상생활까지 제한했어요.

그로 인해 능력이 있어도 골품에 가로막혀 높은 벼슬에 올라가지 못하는 사람이 많았고, 낮은 신분의 사람들은 점차 골품제에 불만을 품게 되었어요. **특히 6두품 사람들은 신라의 골품제를 비판하며 개혁**을 주장하였답니다.

또한 신라에는 **화랑도라는 청소년 군사 훈련 단체**가 있었는데, 화랑도는 신라가 삼국을 통일하는 데 큰 역할을 했어요.

우리나라 최초의 여왕은 누구?

골품제에 따르면 신라의 왕은 성골만이 될 수 있었어요. 그런데 진평왕 다음으로 왕이 될 성골 남자가 없었던 거예요. 당시에는 성별보다 골품이 더 중요하였고, 결국 성골이었던 진평왕의 맏딸이 왕이 되었어요. 이 사람이 바로 우리나라 최초의 여왕인 선덕 여왕이랍니다.

＊개혁
제도나 기구 따위를 새롭게 뜯어고침

 **온달 ⭕ ❌ 퀴즈** 　이 글의 내용과 일치하면 O표, 일치하지 않으면 X표 해보세요.

❶ 백제는 백성을 구제하기 위하여 진대법을 시행하였다. 　　　　　　　　　　　　　(○ , ✗)

❷ 신라에는 청소년 군사 훈련 단체인 화랑도가 있었다. 　　　　　　　　　　　　　(○ , ✗)

초능력 평강 퀴즈

❶ 다음에서 설명하는 인물의 이름을 쓰시오.

> • 당으로 건너가 높은 자리에 올랐다.
> • 통일 신라에 청해진을 설치하였다.
> • 당과 신라, 일본을 연결하는 해상 무역을 이끌었다.

(　　　　　　)

❷ 신라 사람들의 생활 모습으로 옳지 **않은** 것을 고르시오. 　　　　(　　)

① 화랑도를 두었다.
② 우경을 통해 농사를 지었다.
③ 골품에 따라 사회 활동을 규제하였다.
④ 신문왕 때 관리들은 관료전을 지급받았다.
⑤ 제가 회의에서 국가의 중대 사항을 결정하였다.

✪ 정답과 해설 9쪽

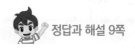
우리학교 **객관식** 문제

01 다음 자료와 관련된 국가에서 볼 수 있는 모습으로 옳은 것을 〈보기〉에서 고른 것은?

나라에 큰일이 있을 때에는 반드시 여러 사람이 모여 의논한 후에 결정하였다. 이를 화백이라고 하였다. 반대하는 의견을 내는 사람이 한 명이라도 있으면 그 의견은 통과되지 못하였다.

┤ 보기 ├
ㄱ. 제가 회의에 참여하는 온달
ㄴ. 진대법 시행을 발표하는 평강
ㄷ. 청해진에서 장보고와 산책하는 로빈
ㄹ. 촌락 문서(민정 문서)를 작성하는 설쌤

① ㄱ, ㄴ　　② ㄱ, ㄷ　　③ ㄴ, ㄷ
④ ㄴ, ㄹ　　⑤ ㄷ, ㄹ

02 다음 자료에서 설명하는 것은?

고구려 고국천왕 때 시행된 것으로, 봄에 곡식을 빌려 주고 가을에 추수하여 갚도록 해 백성들을 도와준 제도이다.

① 진대법　　② 화랑도
③ 골품제　　④ 화백 회의
⑤ 정사암 회의

우리학교 **주관식** 문제

03 다음을 읽고 물음에 답하시오.

(1) 자료와 관련된 제도의 이름을 쓰시오. (　　)
(2) 제도의 특징을 쓰시오.
　(　　　　　　　　　　　　　　　)

한국사능력검정시험

04 (가)에 들어갈 내용으로 옳은 것은?
기본 51회

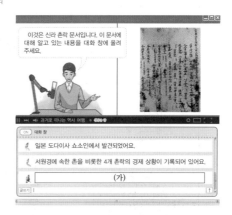

① 단군의 건국 이야기가 수록되어 있어요.
② 병인양요 때 프랑스군에게 약탈당하였어요.
③ 유네스코 세계 기록 유산으로 등재되었어요.
④ 노동력 동원과 세금 징수를 위해 작성되었어요.

372년 고구려의 불교 수용

384년 백제의 불교 수용

오픈아이

슈퍼맨~!

온달아! 그거 왜 들고 왔어?

아니! 우리 것이 아닌데! 온달아…

온달아! 보따리 속에 무엇이 들었니?

열어볼게요! 잠시만요!

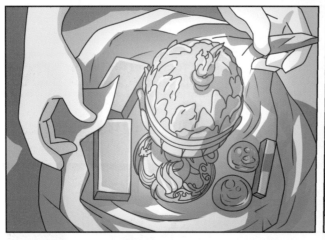

이건! 백제의 금동대향로잖아!

설쌤! 백제에 돌려주고 와야 하지 않을까요?

죄송해요… 먹을 것인 줄 알았어요.

남의 물건을 함부로 가져와서는 안 돼. 온달아.

설쌤! 온달이는 제가 잘 타일렀어요. 백제로 가서 원래 자리에 두고 와요!

때려놓고… 잘 타일렀대….

그래~ 얘들아! 백제로 떠나자!

한판 정리

고구려와 백제의 문화 유산

	고구려	백제
무덤	• 돌무지 무덤 → 굴식 돌방무덤 : 벽화 있음(무용총 「수렵도」 등)	• 돌무지 무덤 → 굴식 돌방무덤 • 벽돌무덤 : 무령왕릉
불교	• 불상 : 금동 연가 7년명 여래 입상	• 불상 : 서산 용현리 마애여래 삼존상 • 탑 : 익산 미륵사지 석탑, 부여 정림사지 오층 석탑
도교	• 사신도(강서 대묘 「현무도」 등)	• 금동 대향로, 산수무늬 벽돌

벽화를 통해 고구려의 생활 모습을 알 수 있어!

설쌤의 한국사 스토리텔링

고구려와 백제의 문화유산에 대해 알아봅시다

 더 알아보기

▲ 장군총

▲ 서울 석촌동 돌무지무덤

▲ 무용총 「수렵도」

▲ 무령왕릉 내부

▲ 무령왕릉 석수

✳ **고구려와 백제의 무덤은 어떻게 생겼을까?**

　서울 송파구 석촌동에 가면 돌을 쌓아 올려 만든 백제의 돌무지 무덤을 볼 수 있어요. 이는 고구려의 돌무지 무덤인 장군총과 매우 비슷한 모양을 하고 있는데, 백제가 고구려에서 온 사람들에 의해 건국되었다는 점을 보여주는 증거예요.

　시간이 지나며 고구려와 백제의 무덤 양식은 굴식 돌방무덤으로 바뀌었어요. 굴식 돌방무덤은 무덤 속에 동굴 같은 방이 있어 천장이나 벽에서 다양한 벽화를 발견할 수 있다는 점이 특징이에요. 무용총의 「수렵도」처럼 무덤 속 벽화를 통해 당시 사람들이 어떻게 생활했는지를 짐작할 수 있어요.

　한편 중국 남조와 활발히 교류했던 백제에서는 양의 무덤 양식인 벽돌무덤도 발견되었는데, 대표적으로 무령왕릉이 있어요. 무령왕릉 내부에는 무덤을 지키는 석수와 다양한 문화유산이 발견되어 당시 백제의 모습을 알아내는 데 큰 도움이 되었답니다.

* 고구려와 백제의 불교 문화유산에는 무엇이 있을까?

삼국이 불교를 받아들이면서 나라마다 절, 불상, 석탑 등 다양한 불교문화도 꽃을 피웠어요. 불교를 가장 먼저 받아들인 고구려에는 대표적으로 **금동 연가 7년명 여래 입상**이 있어요. 불상의 뒷면에 '연가 7년'이라고 새겨져 있어 불상이 만들어진 시기를 알 수 있답니다.

곧이어 불교를 받아들인 백제에도 **서산 용현리 마애여래 삼존상과 익산 미륵사지 석탑, 부여 정림사지 오층 석탑** 등 다양한 불교 문화유산이 만들어졌어요.

익산 미륵사지 석탑

백제 무왕이 세운 미륵사에 있는 탑으로, 우리나라에 남아있는 석탑 중 가장 크고 오래된 것이에요. 목탑의 모습을 본떠 돌을 쌓아 만들었으며, 원래는 두 개의 석탑이 있었으나 오늘날엔 석탑의 일부만 남아있어요.

부여 정림사지 오층 석탑

백제가 멸망한 후, 당의 장수 소정방이 백제를 멸망시킨 것을 기념하는 글씨(대당평백제국비명)를 탑에 새겨두었기 때문에 '평제탑'이라고도 불려요.

▲ 금동 연가 7년명 여래 입상

▲ 서산 용현리 마애여래 삼존상

▲ 익산 미륵사지 석탑

▲ 부여 정림사지 오층 석탑

＊불로장생
늙지 않고 오래 삶

＊사신
동쪽의 청룡, 서쪽의 백호,
남쪽의 주작, 북쪽의 현무를
말함

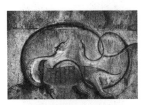
▲ 강서 대묘 「현무도」

▲ 산수무늬 벽돌

＊ 고구려와 백제의 도교 문화유산에는 무엇이 있을까?

도교는 신선 사상을 바탕으로 불로장생＊을 추구하는 종교로, 삼국 시대에 중국에서 들어와 유행하였어요.

고구려의 무덤 벽화에는 도교에서 네 방향을 지킨다는 사신도＊ 그림이 그려져 있으며, 백제의 산수무늬 벽돌에는 산봉우리·구름·물·봉황 등이 새겨져 자연과 함께 살고자 하는 도교의 사상이 담겨 있어요. 또한 백제의 금속 공예 기술을 잘 보여주는 금동 대향로에는 신선들이 사는 세상이 아름답게 표현되어 있답니다.

금동 대향로

금동 대향로는 1993년 12월 12일, 부여 능산리 고분군의 주차장을 건설하던 중 공사장 인근에서 발견되었어요. 진흙이 진공 상태를 만들어 주었기 때문에 금동 대향로는 온전한 모습으로 발견될 수 있었어요. 금동 대향로의 몸체에 있는 연꽃 문양은 불교적이면서도 여의주를 품고 있는 봉황은 도교와의 연관성을 보여줘요. 금동 대향로를 통해 백제에서 불교와 도교가 모두 발전했음을 알 수 있답니다.

▲ 금동 대향로

초능력 온달 ⭕❌ 퀴즈   이 글의 내용과 일치하면 O표, 일치하지 않으면 X표 해보세요.

❶ 삼국 시대 사람들은 불교에 대한 문화유산을 많이 남겼습니다. (◯ , ✕)

❷ 백제에서는 중국 남조의 영향을 받은 벽돌무덤이 만들어졌습니다. (◯ , ✕)

초능력 평강 퀴즈

❶ 다음 문화유산과 관련 있는 종교를 쓰시오.

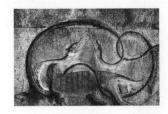
▲ 사신도

▲ 금동 대향로

(   )

❷ 백제의 문화유산으로 옳지 않은 것을 고르시오.

(   )

① 무령왕릉
② 산수무늬 벽돌
③ 익산 미륵사지 석탑
④ 부여 정림사지 오층 석탑
⑤ 금동 연가 7년명 여래 입상

🎯 정답과 해설 10쪽

초능력 Level up 문제

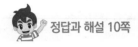

우리학교 객관식 문제

01 다음 자료에 해당하는 문화유산으로 옳은 것은?

> 몸체에 있는 연꽃 문양은 불교와의 관련성을 보여주고 여의주를 품고 있는 봉황은 도교와의 연관성을 보여준다. 이를 통해 백제에서 불교와 도교가 발전하였음을 알 수 있다.

① 금동 대향로
② 강서 대묘 「현무도」
③ 익산 미륵사지 석탑
④ 부여 정림사지 오층 석탑
⑤ 서산 용현리 마애여래 삼존상

02 다음 자료에서 국가와 문화유산이 바르게 짝지어진 것은?

> ㄱ. 고구려 – 금동 연가 7년명 여래 입상
> ㄴ. 고구려 – 무령왕릉
> ㄷ. 백제 – 산수무늬 벽돌
> ㄹ. 백제 – 장군총

① ㄱ, ㄴ   ② ㄱ, ㄷ
③ ㄴ, ㄷ   ④ ㄴ, ㄹ
⑤ ㄷ, ㄹ

우리학교 주관식 문제

03 다음 두 자료를 통해 알 수 있는 고구려와 백제의 관계를 쓰시오.

장군총

석촌동 돌무지 무덤

(   )

한국사능력검정시험

04 (가)에 들어갈 가상 우표로 적절한 것은?
기본 60회

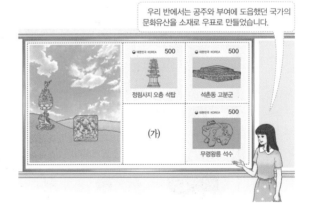

우리 반에서는 공주와 부여에 도읍했던 국가의 문화유산을 소재로 우표로 만들었습니다.

정림사지 오층 석탑 / 석촌동 고분군 / (가) / 무령왕릉 석수

① 첨성대

② 미륵사지 석탑

③ 무용총 수렵도

④ 성덕 대왕 신종

527년 · 신라의 불교 공인
632년 · 선덕 여왕 즉위

오픈아이

한판 정리

신라와 가야의 문화유산

	신라	가야
무덤	• 돌무지 덧널무덤 : 천마총(천마도)	• 금관가야 : 김해 대성동 고분군 • 대가야 : 고령 지산동 고분군
불교	• 불상 : 배동 석조여래 삼존 입상 • 탑 : 황룡사 구층 목탑, 분황사 모전 석탑(선덕 여왕)	-
기타	• 첨성대(선덕 여왕) • 금관총의 금관	• 철제 갑옷과 투구, 금동관

아니! 저 분은 우리나라 최초의 여왕인 선덕여왕?!

신라와 가야의 문화유산에 대해 알아봅시다

 더 알아보기

▲ 돌무지 덧널무덤 구조

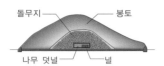

*껴묻거리
죽은 사람을 매장할 때 함께 묻는 물품

▲ 「천마도」

✱ 신라의 무덤은 어떻게 생겼을까?

경상북도 경주에 가면 산처럼 생긴 여러 개의 거대한 무덤을 볼 수 있어요. 이들은 신라 초기에 만들어진 **돌무지 덧널무덤**으로, 고구려·백제와는 다른 신라만의 독특한 무덤 양식이에요.

돌무지 덧널무덤은 땅 위 또는 지하에 구덩이를 파고 나무 덧널을 넣은 뒤, 그 위에 돌을 쌓고 흙을 덮어 만든 무덤이에요. 매우 거대하고 입구가 없기 때문에 무덤을 만들 때 넣었던 껴묻거리들이 그대로 남아있어요. 대표적으로 말 안장에 다는 **천마도가 천마총에서** 발견되었답니다.

✱ 가야의 무덤에는 어떤 특징이 있을까?

전기 가야 연맹을 주도한 금관가야의 대표적인 무덤에는 **김해 대성동 고분군**이 있으며, 후기 가야 연맹을 주도한 대가야의 대표적인 무덤에는 **고령 지산동 고분군**이 있어요. 가야의 무덤에서 철제 갑옷과 투구 등이 발견되어 가야에 철기 문화가 발달하였음을 알 수 있어요.

✱ 신라의 불교 문화유산에는 무엇이 있을까?

신라는 삼국 중 불교를 가장 늦게 받아들였지만, 많은 절을 짓고 불상·탑을 세웠어요. 대표적인 불상으로는 부드럽고 온화한 미소의 경주 배동 석조 여래 삼존 입상이 있으며, 진흥왕 때 세워진 황룡사에는 선덕 여왕이 적의 침입을 방어하려는 마음을 담아 지은 경주 **황룡사 구층 목탑**이 있어요.

또 선덕 여왕은 돌을 벽돌 모양으로 다듬어 쌓아 올린 경주 **분황사 모전 석탑**을 세웠는데, 이는 현재 존재하는 신라의 탑 중에 가장 오래된 석탑이에요.

▲ 경주 배동 석조여래 삼존 입상

▲ 경주 황룡사 구층 목탑 복원도

✱ 신라와 가야의 문화유산에는 또 어떤 것들이 있을까?

선덕 여왕 때 하늘의 별, 해, 달의 위치를 관찰할 수 있는 경주 **첨성대**를 만들었어요. 이때 세워진 첨성대는 동양에서 가장 오래된 천문 관측기구예요. 또한 **금관총의 금관** 등 신라의 무덤에서 발견된 금으로 만든 장신구들은 신라의 공예 기술이 발달하였음을 알려준답니다.

가야의 무덤에서 발견된 금동 관과 다양한 토기들을 통해 가야 사람들의 생활 모습을 알 수 있어요.

▲ 경주 분황사 모전 석탑

▲ 경주 첨성대

초능력 온달 O X 퀴즈
이 글의 내용과 일치하면 O표, 일치하지 않으면 X표 해보세요.

❶ 고구려의 초기 무덤은 돌무지 덧널무덤으로 제작되었습니다. (O , X)
❷ 가야 사람들은 우수한 철기를 이용해 우수한 문화유산을 만들어냈습니다. (O , X)

초능력 평강 퀴즈

❶ 천마총에서 발견된 다음 문화유산의 이름을 쓰시오.

(   )

❷ 신라의 문화유산으로 옳지 <u>않은</u> 것을 고르시오.

(   )

① 첨성대
② 금관총의 금관
③ 미륵사지 석탑
④ 황룡사 구층 목탑
⑤ 분황사 모전 석탑

⊛ 정답과 해설 11쪽

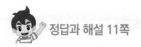
우리학교 객관식 문제

01 다음 자료에 해당하는 문화유산으로 옳은 것은?

> 동양에서 가장 오래된 천문 관측기구로, 선덕 여왕 때 하늘의 별, 해, 달의 위치를 관측하기 위해 세웠졌다.

① 천마도
② 첨성대
③ 황룡사 구층 목탑
④ 분황사 모전 석탑
⑤ 배동 석조여래 삼존 입상

02 다음 자료에서 국가와 문화유산이 바르게 짝지어진 것은?

> ㄱ. 고구려 – 대성동 고분군
> ㄴ. 백제 – 무령왕릉
> ㄷ. 신라 – 분황사 모전 석탑
> ㄹ. 가야 – 장군총

① ㄱ, ㄴ
② ㄱ, ㄷ
③ ㄴ, ㄷ
④ ㄴ, ㄹ
⑤ ㄷ, ㄹ

우리학교 주관식 문제

03 신라 선덕 여왕 때 황룡사 구층 목탑을 세운 이유를 쓰시오.

(   )

한국사능력검정시험

04 (가)에 들어갈 문화유산으로 옳은 것은?
기본 64회

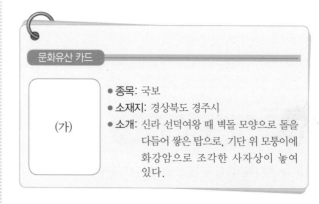

문화유산 카드

(가)

- 종목: 국보
- 소재지: 경상북도 경주시
- 소개: 신라 선덕여왕 때 벽돌 모양으로 돌을 다듬어 쌓은 탑으로, 기단 위 모퉁이에 화강암으로 조각한 사자상이 놓여 있다.

① 분황사 모전 석탑
② 정림사지 오층 석탑

③ 월정사 팔각 구층 석탑
④ 화엄사 사사자 삼층 석탑

내 꿈은 말이야...

과거의 나에게 답해줘

지금 나는 말이야...

오픈아이

한판 정리

통일 신라와 발해의 문화유산

	통일 신라	발해
무덤	• 굴식 돌방무덤	• 정혜 공주 묘 : 돌사자상 • 정효 공주 묘 : 벽돌무덤
불교	• 승려 : 원효(일심 사상, 무애가), 의상(부석사 건립, 「화엄일승법계도」) • 불상 : 석굴암 본존불상 • 탑 : 불국사 다보탑, 불국사 삼층 석탑 (내부에서 무구정광대다라니경 출토)	• 불상 : 이불병좌상 • 탑 : 발해 영광탑
유교	• 신문왕 : 국학 설립 • 설총 : 이두 정리, 「화왕계」 • 최치원 : 빈공과 급제, 「시무 10여 조」	• 문왕 : 주자감 설치

역시 부처님의 나라다워!

통일 신라와 발해의 문화유산에 대해 알아봅시다

더 알아보기

＊융성
크고 기운차게 일어남

＊화장
시신이나 유골을 불에 태우는
장례 방법

▲ 김유신 무덤

▲ 정혜 공주 묘 돌사자상

＊ 통일 신라와 발해의 무덤은 어떻게 생겼을까?

신라 초기에 만들어진 돌무지 덧널무덤은 시간이 지나며 고구려, 백제와 같은 굴식 돌방무덤으로 변화했어요. 또 불교가 크게 융성하면서 불교식 장례법인 화장이 유행하기도 했어요.

한편 고구려와 당 문화의 영향을 받은 발해는 무덤에서도 이를 확인할 수 있어요. 문왕의 둘째 딸인 **정혜 공주 묘** 안에서 벽화는 발견되지 않았지만 무덤 주변에서 **돌사자상**이 발견되었는데, 이는 발해의 무덤이 **고구려 돌사자상 문화의 영향**을 받았음을 보여줘요.

또한 문왕의 넷째 딸인 **정효 공주 묘는 당 문화의 영향을 받은 벽돌무덤**으로, 무덤 내부에서 벽화가 발견되었어요. 벽화를 통해 당시 발해인의 옷차림 등을 알 수 있답니다.

✱ 통일 신라의 불교는 어떻게 발전하였을까?

삼국 통일을 이룬 신라는 불교를 통해 백성들의 마음을 하나로 모으려 했어요. 이때 귀족의 종교였던 불교를 일반 백성들의 삶 속까지 전파한 인물들이 있었으니, 통일 신라의 대표적인 승려✱ **원효와 의상**이에요.

어느 날, 원효와 의상이 불교를 더 깊이 공부하기 위해 당으로 유학을 가던 길이었어요. 밤이 되어 두 사람이 어떤 동굴에 들어가 잠을 청하던 중 원효가 목이 말라 잠에서 깨어났어요. 어둠 속에서 물을 찾던 원효는 어떤 바가지에 담긴 물을 발견해 시원하게 마시고 다시 잠에 들었어요.

하지만 날이 밝은 후 알고 보니 그 바가지는 해골이었고, 원효가 마신 물은 해골에 고인 물이었던 거예요. 이를 알게 된 원효는 해골물을 마셨다는 생각에 너무 역해 토할 것만 같았어요. 그런데 문득 원효의 머릿속에 한 가지 생각이 들었어요.

'어제는 분명 시원하게 들이킨 물이었는데, 해골 물인 것을 알고 나니 토가 나오는구나. 같은 물이라도 내가 어떻게 생각하느냐에 따라 달라졌어. 아! 결국 세상의 모든 일은 내 마음먹기에 달려 있구나.'

깨달음을 얻은 원효는 그대로 유학을 포기하고 다시 신라로 돌아와 자신의 깨달음을 널리 알리고자 했어요. **모든 백성들이 쉽게 불교를 공부할 수 있도록 '무애가'라는 노래를 지어 불교를 전파하고, 일심 사상✱을 강조**했지요.

원효의 불교 대중화✱

원효는 **무애**라 이름 붙인 박으로 만든 도구를 가지고 수많은 마을에서 노래하고 춤추며 교화하고 다녔으니, 가난한 사람들과 산골에 사는 아는 것이 없는 자들까지도 모두 다 부처의 이름을 알게 되었고 '나무아미타불'을 부르게 되었다.

－『삼국유사』－

✱승려
불교에 입문한 수행자를 이르는 말이며, 스님이라고 높여 부르기도 함

✱일심 사상
모든 것은 한마음에서 나온다는 사상

✱대중화
수많은 사람들 사이에 널리 퍼져 친숙해짐

▲ 화엄일승법계도

▲ 불국사

▲ 경주 불국사 삼층 석탑
석가탑이라고도 불림

▲ 무구정광대다라니경

▲ 경주 불국사 다보탑

반면 원효와 달리, 그대로 당 유학길에 오른 의상은 당에서 불교를 배우고 돌아왔어요. 의상은 신라에 불교를 크게 전파하기 위하여 **부석사**를 건립하여 많은 제자들을 길러냈어요. 또한 **모든 존재는 서로 조화를 이룬다는 화엄 사상**을 강조하며 화엄 사상의 중요한 내용을 적은 「**화엄일승법계도**」를 만들었답니다.

✳ 통일 신라의 불교 문화재에는 어떤 것들이 있을까?

통일 신라에서 불교가 크게 발달하고 백성들 사이에 널리 퍼지면서 수많은 불교 문화재가 만들어졌어요. 통일 신라의 대표적인 불교 문화재로는 **불국사와 석굴암**이 있어요.

'**부처님의 나라**'라는 뜻의 불국사는 현실 세계에 부처님의 나라를 나타내려는 신라 사람들의 소망을 담고 있어요. 불국사 안에는 **불국사 삼층 석탑과 불국사 다보탑**이 마주보며 조화를 이루고 있어요. 특히 아름다운 균형을 갖춘 불국사 삼층 석탑의 내부에서 **현재 남아있는 목판 인쇄물 중에 가장 오래된 무구정광대다라니경**이 출토되었어요.

석굴암은 사람이 직접 돌을 쌓아 만든 인공[*] 석굴로 신라 사람들의 뛰어난 과학 기술을 보여주는 문화재예요. 석굴암 안에는 수학적 비례를 적용하여 예술성이 돋보이는 **본존불상**이 자리 잡고 있어요.

불국사와 석굴암은 그 가치를 인정받아 유네스코 세계 문화유산으로 지정되었답니다.

✱ 통일 신라의 유교는 어떻게 발전하였을까?

통일 신라에서는 불교뿐만 아니라 유교도 많은 발전을 이루었어요. **신문왕** 때 유교를 교육하는 **국학을 설립**하여 왕에 대한 충성을 강조했어요. 이로 인해 뛰어난 유학자들이 많이 나왔답니다.

특히 원효의 아들 **설총**은 한자를 우리글로 표현하는 이두를 정리하고, 신문왕에게 『화왕계』를 지어 바쳐 올바른 정치에 대해 말했어요.

6두품 출신의 최치원은 당의 과거 시험인 빈공과에 급제해 학문에 대한 실력을 인정받았어요. 그 후 신라에 돌아와 혼란스러운 사회를 고치기 위한 「시무 10여 조」를 진성 여왕에게 올렸지만, 골품제라는 신분적 한계에 가로막혀 최치원이 바라던 개혁은 제대로 이루어질 수 없었답니다.

*인공
사람이 하는 일

▲ 석굴암 본존불상

화왕계

왕을 모란꽃, 충성스러운 신하를 할미꽃, 간사한 신하를 장미꽃에 비유하며 왕이 옳은 정치를 하기 위해서는 간사한 신하를 멀리하고 충성스러운 신하를 가까이 해야 한다는 뜻을 담고 있는 글이에요.

✳ 발해의 불교와 유교는 어떻게 발전하였을까?

발해 역시 고구려의 불교를 이어받고, 당의 문화를 받아들이면서 불교 문화를 발전시켜 나갔어요. 발해 **영광탑과 이불병좌상**은 고구려에 영향을 받아 제작된 발해의 불교 문화재예요.

한편 발해에서는 유교도 발전하였는데, 문왕 때 교육 기관인 **주자감**을 설치해 유학 교육을 실시하여 인재를 양성했어요.

▲ 발해 영광탑

▲ 이불병좌상

이제 제발 그만! 공부할 만큼 다 했어!

우리 이제 끝이 보여! 힘을 내!

초능력 온달 ⭕ ❌ 퀴즈
이 글의 내용과 일치하면 O표, 일치하지 않으면 X표 해보세요.

❶ 석굴암은 뛰어난 건축 기술과 정밀한 수학적 계산으로 만들어졌습니다. (◎ , ✕)

❷ 이불병좌상은 통일 신라를 대표하는 문화유산입니다. (◎ , ✕)

초능력 평강 퀴즈

❶ 다음에서 설명하는 문화유산을 쓰시오.

- 화강암을 쌓아 올려 동굴처럼 만든 통일 신라의 절이다.
- 본존불 위 천장은 중앙에 기둥이 없어도 튼튼하도록 만들었다.

(   )

❷ 불국사에 대한 설명으로 옳은 것 **두** 가지를 고르시오.

(,   )

① 서울에 위치한다.
② 유교와 관련된 문화유산이다.
③ 미륵사지 석탑이 있는 곳이다.
④ 유네스코 세계 문화유산으로 지정되었다.
⑤ 불국사 삼층 석탑에서 무구정광대다라니경이 발견되었다.

😊 정답과 해설 12쪽

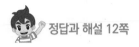
우리학교 객관식 문제

01 (가) 인물에 대한 설명으로 옳은 것은?

> [(가)]은/는 무애라 이름 붙인 박으로 만든 도구를 가지고 수많은 마을에서 노래하고 춤추며 교화하고 다녔으니, 가난한 사람들과 산골에 사는 아는 것이 없는 자들까지도 모두 다 부처의 이름을 알게 되었고 '나무아미타불'을 부르게 되었다.

① 국학을 설립하였다.
② 이두를 정리하였다.
③ 일심 사상을 강조하였다.
④ 화엄 사상을 주장하였다.
⑤ 왕에게 시무 10여조를 올렸다.

02 다음 중 발해의 문화유산이 <u>아닌</u> 것은?

① 영광탑
② 이불병좌상
③ 정혜 공주 묘
④ 정효 공주 묘
⑤ 불국사 다보탑

우리학교 주관식 문제

03 다음 물음에 답하시오.

(1) 문화재의 이름을 쓰시오. (   )
(2) 문화재 내부에서 발견된 무구정광대다라니경의 특징을 쓰시오.
(   )

한국사능력검정시험

04 밑줄 그은 '이 인물'로 옳은 것은?

기본 63회

> **역사 인물 소개하기**
> 이 인물은 호가 고운으로, 신라 말기에 활동하였습니다. 당의 빈공과에 합격하였으며, 난을 일으킨 황소에게 항복을 권하는 격문을 써서 문장가로 이름을 날렸습니다. 귀국한 이후에는 진성여왕에게 개혁안을 올리기도 하였습니다.

① 강수
② 설총
③ 김부식
④ 최치원

07 고대 국가 사람들은 어떻게 살았을까?

고구려
- ❶ 진 ☐ ☐ : 봄에 곡식을 빌려주고 가을에 갚도록 하는 제도
- 제가 회의: 국가의 중요한 일을 결정하는 귀족 회의

백제
- ❷ 정 ☐ ☐ 회 ☐ : 나라의 중요한 일을 결정하는 귀족 회의

신라
- ❸ ☐ ☐ 제 : 골품에 따라 관등 승진·일상생활 규제
- 화랑도: 청소년 군사 훈련 단체

08 고구려와 백제의 문화유산

	고구려	백제
무덤	● 돌무지 무덤 → 굴식 돌방무덤	● 돌무지 무덤 → 굴식 돌방무덤 ● 벽돌무덤: ❶ 무 ☐ ☐ 릉
불상과 탑	● 금동 연가 7년명 여래 입상	● 서산 용현리 마애여래 삼존상 ● 익산 ❷ 미 ☐ ☐ ☐ 석 ☐ : 목탑 양식의 석탑
도교	● 사신도	● ❸ 금 ☐ ☐ ☐ 로 : 백제에서 불교와 도교가 발달하였음을 보여줌

09 신라와 가야의 문화유산

	신라	가야
무덤	●❶ 돌 □ □ 덧 □ □ □ : 천마총이 대표적인 무덤	●금관가야: 김해 대성동 고분군 ●대가야: 고령 지산동 고분군
탑	●❷ 분 □ □ 모 □ □ 탑 : 신라에서 가장 오래된 석탑, 돌을 벽돌 모양으로 다듬어 제작	–
기타	●❸ 첨 □ □ : 선덕 여왕 때 만들어진 천문 관측기구	●철제 갑옷과 투구

10 통일 신라와 발해의 문화유산

	통일 신라	발해
불교	●❶ 원 □ : 일심 사상, 무애가 ●❷ 의 □ : 부석사 건립, 『화엄일승법계도』	●불상: 이불병좌상 ●탑: 발해 영광탑
교육기관	●❸ 국 □ : 신문왕 때 설립	●❹ 주 □ 감 : 문왕 때 설립

설쌤의 지식 오픈!

" 삼국의 문화와 닮은 일본 문화?! "

일본은 우리와 가까이 위치해 있는 만큼 지금도 많은 영향을 주고받는 나라 중 하나인데요. 삼국 역시 일본과 가까이 지내면서 수많은 문화를 주고받았어요. 일본과 삼국이 많이 교류했다는 사실은 현재 남아있는 문화유산들을 통하여 확인할 수 있답니다. 삼국의 문화유산과 매우 닮은 일본의 문화유산을 확인해 보세요!

▲ 고구려 수산리 고분 벽화　　▲ 일본 다카마쓰 고분 벽화

▲ 금동 미륵보살 반가 사유상　　▲ 일본 고류사 목조 미륵보살
반가 사유상

다음 고분 벽화를 보고 알 수 있는 고구려의 생활 모습은 무엇일까요?

▲ 무용총 접객도

 설명

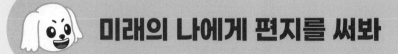

에게

1 선사 시대가 지나고 나라가 등장하다

01 선사 시대, 돌을 사용하던 사람들

초능력 온달 OX 퀴즈 ❶ X 구석기 시대에는 뗀석기를 사용하였고, 신석기 시대에 간석기를 사용하였다. ❷ O

초능력 평강퀴즈 ❶ 구석기 시대 ❷ ③

1. 구석기 시대 사람들은 사냥과 채집을 하며 이동 생활을 하였으며, 주먹도끼와 찍개 등 뗀석기를 사용하여 식량을 구했다.
2. 신석기 시대에는 농경과 목축이 시작되었다.

초능력 Level up 문제

01 ⑤
02 ③
03 가락바퀴 / 예 신석기 시대에 가락바퀴를 이용하여 옷이나 그물을 만들었다.
04 ③

01 구석기 시대

자료 분석
주먹도끼는 구석기 시대에 사용한 뗀석기 중 하나이다.

정답 찾기
⑤ 구석기 시대 사람들은 주로 동굴이나 바위그늘에서 살았다.

오답 피하기
① 신석기 시대 사람들은 움집을 지어 살았다.
② 신석기 시대에 정착 생활을 하였다.
③ 신석기 시대에 간석기를 사용하였다.
④ 신석기 시대에 가락바퀴를 이용하여 옷이나 그물을 만들었다.

02 신석기 시대

자료 분석
빗살무늬 토기는 신석기 시대의 유물이다. 신석기 시대 사람들은 빗살무늬 토기를 만들어 음식을 저장하였다.

정답 찾기
③ ㄴ. 신석기 시대에 농사가 시작되었으며, 가축을 기르기 시작하였다.
　ㄷ. 구석기·신석기 시대에는 모든 사람들이 평등한 관계를 유지하였다.

오답 피하기
ㄱ. 구석기 시대 사람들은 무리를 지어 이동 생활을 하였다.
ㄹ. 구석기 시대에 뗀석기를 제작하여 사냥을 하거나 음식을 조리하였다.

03 가락바퀴

신석기 시대 사람들은 가락바퀴로 실을 엮어 옷을 만들어 입거나 그물을 만들어 사용하였다.

04 신석기 시대

정답 찾기
③ 신석기 시대 사람들은 빗살무늬 토기를 만들어 음식을 저장하였다.

오답 피하기
① 청동기 시대에 거친무늬 거울을 사용하였다.
② 청동기 시대에 비파형 동검을 제작하였다.
④ 초기 철기 시대에 철제 농기구를 사용하여 밭을 갈고 농사를 지었다.

02 단군 할아버지가 세운 국가, 고조선

초능력 온달 OX 퀴즈 ❶ ○ ❷ X 고조선의 8조법은 현재 3개의 조항이 전해지고 있다.

초능력 평강퀴즈 ❶ 고조선 ❷ ⑤

1. 우리 역사 속 최초의 국가인 고조선은 『삼국유사』에 실린 단군 신화를 통해 건국 이야기를 알 수 있다.

2. 고조선의 8조법 중 하나로, 이를 통해 고조선의 사회 모습을 알 수 있다. 위 조항을 통해 고조선이 불교를 바탕으로 나라를 다스렸는지는 알 수 없다.

초능력 Level up 문제

```
01 ②
02 ⑤
03 미송리식 토기 / 비파형 동검 / 탁자식 고인돌
04 ①
```

01 고조선

자료 분석

주어진 자료는 『삼국유사』에 기록된 단군조선의 건국 이야기로, '단군왕검'이 고조선을 건국하였다.

정답 찾기

② '단군'은 제사장을, '왕검'은 정치적 지도자를 뜻한다. 즉 '단군왕검'을 통해 고조선이 제정일치 사회였음을 알 수 있다.

오답 피하기

①, ③, ④. ⑤ '단군왕검'을 통해 알 수 있는 사회 모습과는 관련이 없다.

02 고조선

자료 분석

8조법(범금 8조)이 있던 나라는 고조선이다.

정답 찾기

⑤ ㄷ. 8조법(범금 8조) 조항 중 남에게 상해를 입힌 사람은 곡식으로 갚는다는 내용을 통해 고조선 사회가 개인

이 소유한 재산을 인정하였음을 알 수 있다.

ㄹ. 고조선은 청동기 문화를 바탕으로 건국되었다.

오답 피하기

ㄱ. 고조선은 제사와 정치가 일치하는 제정일치 사회였다.

ㄴ. 고조선은 한의 침략을 받아 멸망하였다.

03 고조선의 문화 범위

청동기 문화를 바탕으로 등장한 고조선은 청동기 유물을 통해 그 문화 범위를 알 수 있다. 대표적인 유물로 미송리식 토기, 비파형 동검, 탁자식 고인돌이 있다.

04 고조선

자료 분석

우리 역사상 최초의 나라는 고조선으로, 단군 신화를 통해 건국 이야기를 알 수 있으며, 고조선은 한의 공격으로 멸망하였다.

정답 찾기

① 고조선에는 8조법(범금 8조)이 있었다.

오답 피하기

② 동예에 책화라는 풍습이 있었다.

③ 삼한 중 변한은 낙랑군과 왜에 철을 수출하였다.

④ 고구려는 제가 회의를 열어 나라의 중요한 일을 결정하였다.

역사 논술

예시 답안 고인돌은 군장(또는 족장 등 무리의 지배자)의 무덤으로 알려져 있다. 무덤의 크기를 크게 만들면서 기존 군장의 권위를 높이고 그 권위가 다음 군장에게 이어진다는 것을 표현하고자 하였다.

03 여러 나라가 등장하다

초능력 온달 OX 퀴즈 ❶ O ❷ X 민며느리제는 옥저의 풍습이다.

초능력 평강퀴즈 ❶ 고구려 ❷ ②

1. 고구려는 제가 회의에서 나라의 일을 결정했으며, 서옥제라는 혼인 풍습이 있었다.

2. 삼한은 제정 분리 사회로서 정치적 지도자인 신지·읍차와 제사장인 천군이 있었다.

초능력 Level up 문제

01 ①
02 ③
03 (1) 천군 (2) 예 삼한은 정치적 지도자와 제사장인 천군이 따로 있는 제정 분리 사회였다.
04 ②

01 부여

자료 분석
마가·우가·저가·구가 등 여러 가(加)들이 별도로 사출도를 주관하였던 나라는 부여이다.

정답 찾기
① 부여에는 왕이 죽으면 신하들을 함께 묻는 순장이라는 풍습이 있었다.

오답 피하기
② 삼한에는 신성 지역인 소도가 존재하였다.
③ 옥저에는 혼인 풍습으로 민며느리제가 있었다.
④ 고구려에서는 10월에 동맹이라는 제천 행사를 열었다.
⑤ 동예는 특산물로 단궁, 과하마, 반어피가 유명하였다.

02 동예

자료 분석
책화의 풍습이 있던 나라는 동예이다.

정답 찾기
③ ㄴ. 동예에서는 10월에 무천이라 불리는 제천 행사가 있었다.
ㄷ. 옥저와 동예는 읍군, 삼로의 군장이 나라를 다스렸다.

오답 피하기
ㄱ. 고구려에 서옥제라는 혼인 풍습이 존재하였다.
ㄹ. 삼한 중 변한에서는 철이 많이 생산되어 낙랑과 왜에 수출하였다.

03 삼한

(1) 삼한에 대한 자료로, 삼한에서 천신의 제사를 주관하였던 제사장을 천군이라고 불렀다.
(2) 정치적 지도자 외에 천군이라는 제사장이 있다는 내용으로 보아 삼한이 제정 분리 사회였음을 알 수 있다.

04 삼한

자료 분석
제정 분리 사회로 제사를 주관하는 천군과 신성 지역인 소도를 두었던 나라는 삼한이다.

정답 찾기
② 삼한에는 신지, 읍차 등의 정치적 지배자가 있었다.

오답 피하기
① 부여는 12월에 영고라는 제천 행사를 열었다.
③ 옥저에는 민며느리제라는 혼인 풍습이 있었다.
④ 동예에는 읍락 간의 경계를 중시하는 책화라는 풍습이 있었다.

배운 내용으로 빈칸 채우기

01 선사 시대, 돌을 사용하던 사람들
① 뗀석기 ② 막 ③ 이동
④ 간석기 ⑤ 농경 ⑥ 빗살 ⑦ 움

02 단군 할아버지가 세운 국가, 고조선
① 청동기 ② 제정일치 ③ 8조법

03 여러 나라가 등장하다
① 사출도 ② 영고 ③ 제가 회의 ④ 동맹 ⑤ 서옥제
⑥ 읍군 ⑦ 민며느리제 ⑧ 무천 ⑨ 책화 ⑩ 천군

04 고구려, 백제, 신라 중 누가 가장 강한가?

초능력 온달 OX 퀴즈 ❶ X 4세기에 백제가 전성기를 맞으며 삼국 중 가장 먼저 전성기를 맞이하였다. ❷ O

초능력 평강퀴즈 ❶ 근초고왕 ❷ ①

1. 4세기 백제의 근초고왕이 백제의 전성기를 이끌었다.

2. 고구려 장수왕은 남진 정책을 추진하며 평양으로 수도를 옮기고 고구려의 전성기를 이끌었다. 대가야를 멸망시킨 왕은 신라의 진흥왕이다.

초능력 Level up 문제

01 ②

02 ①

03 ㉠ 평양 ㉡ 웅진 ㉢ 사비

04 ④

05 ②

06 ③

07 (1) 호우명 그릇 (2) 호우명 그릇에 새겨진 광개토 대왕의 이름을 통해 당시 고구려가 신라에 영향력을 행사했음을 알 수 있다.

08 ③

01 고구려

자료 분석

고구려 장수왕은 아버지인 광개토 대왕의 업적을 기리기 위해 광개토 대왕릉비를 세웠다. 따라서 고구려에 대한 설명으로 옳은 것을 골라야 한다.

정답 찾기

② 고구려 소수림왕은 교육 기관인 태학을 설립하였다.

오답 피하기

① 온조가 세운 국가는 백제이다.

③ 신라 진흥왕 때 대가야를 정복하였다.

④ 고구려 장수왕이 한강을 차지하자 백제가 웅진으로 수도를 옮겼다.

⑤ '마립간'이라는 칭호를 사용했던 국가는 신라이다.

02 백제 성왕

자료 분석

신라 진흥왕과 힘을 합쳐 한강 유역의 일부를 차지했던 '국왕'은 백제 성왕이다.

정답 찾기

① ㄱ. 백제 성왕은 백제를 다시 일으키기 위해 사비로 수도를 옮겼다.

　　ㄴ. 신라 진흥왕이 백제와 했던 약속을 깨고 백제가 차지한 한강 상류 지역을 빼앗자, 백제 성왕은 신라와 맞서 싸웠으나 관산성 전투에서 패배해 죽음을 맞이하였다.

오답 피하기

ㄷ. 신라 법흥왕은 불교를 공인하고 율령을 반포하였다.

ㄹ. 신라 진흥왕은 한강 유역을 차지하고 이를 기념하기 위해 순수비를 세웠다.

03 고구려와 백제의 수도 이동

고구려 장수왕은 남쪽을 공격하기 위해 수도를 국내성에서 평양으로 옮겼다. 고구려가 한강 유역을 차지하자 백제는 수도를 웅진으로 옮겼으며, 이후 성왕 때 백제를 다시 일으키고자 사비로 수도를 이동하였다.

04 고구려 광개토 대왕

자료 분석

고구려 광개토 대왕은 '영락'이라는 독자적인 연호를 사용했으며, 정복 활동으로 고구려의 영토를 넓혔다.

정답 찾기

④ 광개토 대왕은 신라에 침입한 왜를 격퇴하여 신라에 영향력을 행사하였다.

오답 피하기

① 고구려 소수림왕은 교육 기관인 태학을 설립하였다.

② 고구려 장수왕은 남쪽으로 세력을 넓히기 위해 평양으로 천도하였다.

③ 고구려 영류왕 때 천리장성 축조를 시작하였다.

05 신라 지증왕

자료 분석

신라 지증왕 때 '마립간'이라 불리던 칭호를 '왕'이라는 중국식 칭호로 변경하였다. 따라서 밑줄 친 '왕'은 지증왕이다.

정답 찾기

② 지증왕 때 국호를 신라로 정하였다.

오답 피하기

① 신라 진흥왕 때 신라가 한강 유역을 차지하며 전성기를 맞이하였다.

③ 고구려 광개토 대왕은 '영락'이라는 독자적 연호를 사용하였다.

④ 백제 무령왕은 22담로를 설치하고 왕족을 파견하였다.

⑤ 고구려 소수림왕은 율령을 반포하고 태학을 설립하였다.

06 율령 반포

정답 찾기

③ 고구려의 소수림왕과 신라의 법흥왕은 왕권을 강화하고 체제를 정비하기 위해 율령을 반포하였다.

오답 피하기

① 고구려 장수왕 때 평양으로 수도를 옮겼다.

② 신라 지증왕 때 '신라'로 국호를 바꾸었다.

④ 5세기에 백제 비유왕과 신라 눌지 마립간이 동맹을 맺었다.

⑤ 고구려는 장수왕 때, 신라는 진흥왕 때 한강 유역을 차지하였다.

07 호우명 그릇

(1) 신라 호우총에서 발견된 호우명 그릇이다.

(2) 신라에 왜가 침입하자 내물 마립간은 고구려에 도움을 요청하였고, 고구려 광개토 대왕이 신라에 침입한 왜를 무찔러 신라에 엄청난 영향력을 행사하였다. 이는 호우명 그릇에 새겨진 광개토 대왕의 이름을 통해 확인할 수 있다.

08 신라 진흥왕

자료 분석

신라 진흥왕은 한강 유역을 차지하며 신라의 전성기를 이끌었으며, 이를 기념하기 위한 순수비를 세웠다. 또한 진흥왕은 화랑도를 국가적인 조직으로 개편하였다.

정답 찾기

③ 신라 진흥왕은 대가야를 정복하였다.

오답 피하기

① 통일 신라 신문왕은 국학을 설립하여 유교를 교육하였다.

② 신라 법흥왕 때 병부를 설치하였다.

④ 통일 신라 원성왕 때 독서삼품과를 실시하였다.

예시 답안 한강은 한반도의 중심에 위치하여 이곳을 차지하면 삼국 간의 경쟁에서 주도권을 장악할 수 있었다. 또한 한강은 서해로 흘러가기 때문에 강을 통해 중국과 교역을 하기에 편리하였다. 한강은 강 주변에 평야가 많고 땅이 비옥해 농사짓기에 적합하였다. 이러한 장점들 때문에 삼국은 서로 한강을 차지하기 위해 치열한 경쟁을 하였다.

05 철의 나라 가야와 한반도의 주인공 신라

초능력 온달 OX 퀴즈 ❶ X 금관가야가 전기 가야 연맹을 주도하였다. ❷ O

초능력 평강퀴즈 ❶ 김춘추 ❷ ③

1. 김춘추는 당으로 가 동맹을 맺고 태종 무열왕으로 즉위하였으며, 당과 함께 백제를 멸망시켰다.

2. (나) 나·당 동맹 체결 → (가) 계백 전사(황산벌 전투) → (다) 매소성 전투 순으로 전개되었다.

초능력 Level up 문제

01 ⑤

02 ③

03 **예** 고구려 광개토 대왕이 신라에 침입한 왜를 격퇴하는 과정에서 금관가야가 주도하는 전기 가야 연맹이 힘을 잃었다.

04 ①

01 금관가야

자료 분석
고구려 광개토 대왕의 공격을 받아 힘이 약해졌으며, 신라 법흥왕에 의해 멸망한 '이 국가'는 금관가야이다.

정답 찾기
⑤ 금관가야는 철을 생산하여 낙랑과 왜에 수출하였다.

오답 피하기
① 주몽이 건국한 국가는 고구려이다.
② 당나라와 동맹을 맺은 국가는 신라이다.
③ 고구려에 수나라가 침입하자 을지문덕이 살수에서 적군을 물리쳤다(살수 대첩).
④ 대가야가 후기 가야 연맹을 이끌었다. 금관가야는 전기 가야 연맹을 이끌었다.

02 신라의 삼국 통일 과정

자료 분석
(가) 645년 고구려가 안시성에서 당나라의 군대를 몰아냈다 (안시성 전투).
(나) 668년 나·당 연합군의 공격으로 고구려가 멸망하였다.

정답 찾기
③ ㄴ. 660년 백제가 황산벌 전투에서 패배한 이후 나·당 연합군에 의해 멸망하였다(백제 멸망).
ㄷ. 648년에 나·당 동맹이 결성된 후, 나·당 연합군은 백제와 고구려를 공격하여 멸망시켰다.

오답 피하기
ㄱ. 대가야는 6세기 신라 진흥왕에 의해 멸망하였다. (가) 이전의 사실이다.
ㄹ. 나·당 전쟁에서 승리한 신라가 삼국을 통일하였다. (나) 이후의 사실이다.

03 가야의 중심지 이동

고구려 광개토 대왕이 신라에 침입한 왜를 격퇴하는 과정에서 금관가야를 공격하였다. 이로 인해 힘이 약해진 금관가야가 쇠퇴하고, 대가야가 후기 가야 연맹을 주도하며 가야의 중심지가 이동하였다.

04 신라의 삼국 통일 과정

정답 찾기
① (가) 신라의 김춘추가 고구려에 도움을 요청했지만 거절 당하자 당으로 가 동맹을 체결하였다. → (나) 백제의 계백이 황산벌 전투에서 김유신의 신라군에 패배하였고 결국 백제가 멸망하였다. → (다) 백제와 고구려가 멸망한 후 신라군이 매소성, 기벌포에서 당의 군대를 격퇴하여 삼국 통일을 달성하였다.

06 통일된 신라와 고구려의 후예 발해

초능력 온달 OX 퀴즈 ❶ X 신문왕은 국학이라는 교육 기관을 설립하였다. 주자감은 발해의 교육 기관이다. ❷ O

초능력 평강퀴즈 ❶ 무왕 ❷ ⑤

1. 발해 무왕은 당 및 신라와 대립하였고, 장문휴로 하여금 당을 공격하게 하였다.

2. (가)는 발해로, 발해는 선왕 때 당으로부터 '해동성국'이라 불리며 전성기를 맞이하였다.

초능력 Level up 문제

01 ⑤

02 ③

03 ⑩ 온돌, 연꽃무늬 수막새 등 유물을 통해 알 수 있다. / 일본에 보낸 외교문서에 발해의 왕을 '고려 국왕'이라 표현하였다.

04 ①

01 통일 신라 신문왕

자료 분석

만파식적 이야기를 통해 밑줄 친 '왕'이 통일 신라 신문왕임을 알 수 있다.

정답 찾기

⑤ 통일 신라 신문왕 때 관리에게 관료전을 지급하고 녹읍을 폐지하였다.

오답 피하기

① 신라 문무왕이 삼국 통일을 완성하였다.

② 발해 문왕 때 교육 기관인 주자감을 설치하였다.

③ 발해 무왕은 장문휴로 하여금 당의 산둥반도를 공격하도록 하였다.

④ 대조영이 고구려 유민과 말갈족을 이끌고 동모산 일대에서 발해를 건국하였다.

02 발해

자료 분석

이불병좌상은 발해의 유물이다.

정답 찾기

③ ㄴ. 발해는 선왕 때 당으로부터 '해동성국'이라 불리며 전성기를 맞이하였다.

　　ㄷ. 발해는 고구려를 계승하였다.

오답 피하기

ㄱ. 통일 신라 신문왕 때 교육 기관인 국학이 설립되었다.

ㄹ. 박혁거세가 건국한 나라는 신라이다.

03 발해의 고구려 계승

옛 고구려의 장수 대조영이 건국한 발해는 고구려를 계승하였는데, 온돌·발해 석등·연꽃무늬 수막새 등 유물이 고구려 문화와 닮아있음을 통해 이를 알 수 있다. 또한 발해는 일본에 보낸 외교문서에 발해의 왕을 '고려 국왕'이라 표현하며 고구려를 계승하였음을 나타내었다.

04 통일 신라 신문왕

자료 분석

통일 신라 신문왕 때 관리에게 관료전을 지급하고 녹읍을 폐지하였다.

정답 찾기

① 통일 신라 신문왕은 국학을 설립하여 유학을 교육하였다.

오답 피하기

② 신라 진흥왕은 대가야를 정복하였다.

③ 통일 신라 원성왕은 독서삼품과를 실시하였다.

④ 통일 신라 헌덕왕은 김헌창의 난을 진압하였다.

역 사 논 술

예시 답안 관료전은 국가가 관리에게 일한 대가로 지급한 토지이다. 관료전은 이 토지에서 세금(쌀)을 거둘 수 있는 권한이 포함되어 있었다. 녹읍 또한 국가가 관리에게 일한 대가로 지급한 토지이지만, 세금(쌀)을 거두고 그 토지에 살고 있는 사람들의 노동력을 사용할 수 있는 권한까지 포함되어 있었다. 당시에는 노동력이 곧 재산이었기 때문에 신문왕이 녹읍을 폐지하면서 귀족들이 노동력 사용권을 잃었고, 그 결과 귀족들의 힘이 약해졌다.

04 고구려, 백제, 신라 중 누가 가장 강한가?

① 온조 ② 광개토 대왕 ③ 장수왕

05 철의 나라 가야와 한반도의 주인공 신라

① 금관가야 ② 법흥왕 ③ 진흥왕
④ 나·당 동맹 ⑤ 매소성

06 통일된 신라와 고구려의 후예 발해

① 관료전 ② 녹읍 ③ 장문휴 ④ 해동성국

3 서로 다른 문화를 꽃피우며 살아가다

07 고대 국가 사람들은 어떻게 살았을까?

초능력 온달 OX 퀴즈 ❶ X 고구려 고국천왕 때 진대법이 시행되었다. ❷ O

초능력 평강퀴즈 ❶ 장보고 ❷ ⑤

1. 통일 신라의 장보고는 당에서 돌아온 후 청해진을 설치하여 해상 무역을 장악하였다.

2. 신라의 귀족들은 화백 회의에서 국가의 중대 사항을 결정하였다.

초능력 Level up 문제

01 ⑤

02 ①

03 (1) 골품제 (2) 예 신라의 신분 제도로, 등급에 따라 관리의 승진부터 집의 규모, 옷의 차림 등 일상생활까지 제한하였다.

04 ④

01 신라

자료 분석

화백 회의는 신라의 귀족 회의로, 나라에 중요한 있을 때 화백 회의에서 만장일치로 결정하였다.

정답 찾기

⑤ ㄷ. 신라의 장보고는 완도에 청해진을 설치하여 해적을 몰아내고 해상 무역을 장악하였다.

ㄹ. 촌락 문서(민정 문서)는 신라에서 세금 징수를 위해 작성되었다.

오답 피하기

ㄱ. 고구려는 제가 회의에서 나라의 중요한 일을 결정하였다.

ㄴ. 고구려 고국천왕 때 가난한 백성을 구제하는 진대법이 시행되었다.

02 고구려 진대법

정답 찾기

① 고구려 고국천왕 때 가난한 백성을 구제하기 위해 진대법이 시행되었다. 진대법은 봄에 곡식을 빌려주고 가을에 추수하여 갚도록 하는 춘대추납의 제도이다.

오답 피하기

② 화랑도는 신라의 청소년 군사 훈련 단체이다.
③ 골품제는 신라의 신분 제도이다.
④ 화백 회의는 신라의 귀족 회의이다.
⑤ 정사암 회의는 백제의 귀족 회의이다.

03 신라 골품제

(1) '성골', '진골', '6두품' 등을 통하여 신라의 신분 제도인 골품제임을 알 수 있다.
(2) 신라의 골품제는 뼈에도 등급이 있다는 뜻으로, 등급에 따라 관리의 승진부터 집의 규모, 옷의 차림 등 일상생활까지 제한하였다.

04 신라 촌락 문서(민정 문서)

정답 찾기

④ 신라 촌락 문서(민정 문서)는 노동력 동원과 세금 징수를 위해 작성되었다.

오답 피하기

① 고려 시대에 일연이 쓴 『삼국유사』에 단군의 건국 이야기가 수록되어 있다.
② 병인양요 때 프랑스군에게 약탈당한 것은 외규장각 의궤이다.
③ 신라 촌락 문서(민정 문서)는 유네스코 세계 기록 유산에 등재되어 있지 않다.

08 고구려와 백제의 문화유산

초능력 온달 OX 퀴즈 ❶ O ❷ O

초능력 평강퀴즈 ❶ 도교 ❷ ⑤

1. 고구려의 사신도와 백제의 금동 대향로는 도교 사상과 관련된 문화유산이다.
2. 금동 연가 7년명 여래 입상은 고구려의 문화유산이다.

초능력 Level up 문제

01 ①
02 ②
03 예 백제가 고구려에서 온 사람들에 의해 건국되었다는 점을 알 수 있다.
04 ②

01 백제 금동 대향로

정답 찾기

① 백제에서 불교와 도교가 발전했음을 보여주는 문화유산은 금동 대향로이다.

오답 피하기

② 강서 대묘 「현무도」는 고구려의 고분 벽화로, 고구려에서 도교가 발전하였음을 보여준다.
③ 익산 미륵사지 석탑은 백제의 석탑으로 우리나라에 남아 있는 석탑 중 가장 크고 오래된 것이다.
④ 부여 정림사지 오층 석탑은 백제의 석탑으로, 당의 장수 소정방이 백제 멸망을 기념하는 글을 새겨 평제탑이라고도 불린다.
⑤ 서산 용현리 마애여래 삼존상은 백제의 석불로 불교와 관련이 있다.

02 고대 국가의 문화유산

정답 찾기

② ㄱ. 금동 연가 7년명 여래 입상은 고구려의 불교 문화유산으로, 뒷면에 만들어진 시기가 새겨져 있다.
ㄷ. 산수무늬 벽돌은 백제의 도교 사상을 알 수 있는 문화유산이다.

오답 피하기
ㄴ. 무령왕릉은 백제의 벽돌 무덤이다.

ㄹ. 장군총은 고구려의 돌무지 무덤이다.

03 고구려와 백제의 무덤

백제의 석촌동 돌무지 무덤은 장군총(고구려의 돌무지 무덤)과 매우 비슷한 모양을 하고 있는데, 이는 백제가 고구려에서 온 사람들에 의해 건국되었음을 보여주는 증거이다.

04 익산 미륵사지 석탑

자료 분석

공주와 부여에 도읍했던 국가는 백제이다.

정답 찾기

② 미륵사지 석탑은 백제의 문화유산이다.

오답 피하기

① 신라 선덕 여왕 때 천문 관측기구인 첨성대가 만들어졌다.

③ 무용총 수렵도는 고구려의 고분 벽화이다.

④ 성덕 대왕 신종은 통일 신라에서 주조된 구리종이다.

09 신라와 가야의 문화유산

초능력 온달 OX 퀴즈 ❶ X 신라의 초기 무덤이 돌무지 덧널무덤으로 제작되었다. ❷ O

초능력 평강퀴즈 ❶ 천마도 ❷ ③

1. 신라 천마총에서 발견된 천마도는 말의 안장에 다는 다래에 그려진 그림이다.

2. 미륵사지 석탑은 백제의 문화유산이다.

초능력 Level up 문제

01 ②

02 ③

03 예 불교의 힘으로 외적의 침입을 방어하려는 염원으로 황룡사 구층 목탑을 건립하였다.

04 ①

01 첨성대

정답 찾기

② 신라 선덕 여왕 때 세운 동양에서 가장 오래된 천문 관측기구는 첨성대이다.

오답 피하기

① 신라 천마총에서 발견된 천마도는 말의 안장에 다는 다래에 그려진 그림이다.

③ 황룡사 구층 목탑은 신라 선덕 여왕이 적의 침입을 방어하려는 마음을 담아 지은 탑이다.

④ 신라 선덕 여왕 때 지은 분황사 모전 석탑은 돌을 벽돌 모양으로 다듬어 쌓아 올린 석탑이다.

⑤ 배동 석조여래 삼존 입상은 신라의 대표적인 불교 문화유산이다.

02 고대 국가의 문화유산

정답 찾기

③ ㄴ. 무령왕릉은 백제가 중국 남조와 교류하였음을 나타내는 벽돌무덤이다.

ㄷ. 신라 선덕 여왕 때 지은 분황사 모전 석탑은 돌을 벽돌 모양으로 다듬어 쌓아 올린 석탑이다.

오답 피하기
ㄱ. 대성동 고분군은 금관가야의 문화유산이다.

ㄹ. 장군총은 고구려의 돌무지 무덤이다.

03 황룡사 구층 목탑

신라 선덕 여왕은 진흥왕이 지은 황룡사에 불교의 힘으로 외적의 침입을 막고 신라를 발전시키려는 염원을 담아 황룡사 구층 목탑을 세웠다.

04 분황사 모전 석탑

정답 찾기

① 신라 선덕 여왕 때 벽돌 모양으로 돌을 다듬어 쌓았으며, 화강암으로 조각된 사자상이 놓여 있는 (가) 문화유산은 분황사 모전 석탑이다.

오답 피하기

② 정림사지 오층 석탑은 백제의 문화유산으로, 당의 장수 소정방이 백제 멸망을 기념하며 새긴 글씨가 있어 '평제 탑'이라고도 불린다.

③ 월정사 팔각 구층 석탑은 고려의 문화유산이다.

④ 화엄사 사사자 삼층 석탑은 통일 신라의 문화유산이다.

10 통일 신라와 발해의 문화유산

초능력 온달 OX 퀴즈 ❶ O ❷ X 이불병좌상은 발해를 대표하는 불교 문화유산이다.

초능력 평강퀴즈 ❶ 석굴암 ❷ ④, ⑤

1. 통일 신라의 석굴암은 사람이 화강암을 쌓아 올려 만든 인공 석굴로, 과학 기술을 활용한 신라인의 건축 기술을 보여주며 내부에는 본존불상이 자리하고 있다.

2. 불국사는 유네스코 세계 문화유산으로 지정되었으며, 불국사 삼층 석탑 내부에서는 현존하는 가장 오래된 목판 인쇄물인 무구정광대다라니경이 발견되었다.

초능력 Level up 문제

01 ③

02 ⑤

03 (1) 불국사 삼층 석탑

　　(2) 예 현재 남아있는 가장 오래된 목판 인쇄물이다.

04. ④

01 원효

자료 분석

'무애'와 노래하고 춤추며 백성들에게 불교를 전파한다는 내용을 통해 (가) 인물이 통일 신라의 승려 원효임을 알 수 있다.

정답 찾기

③ 원효는 모든 것이 한마음에서 나온다는 일심 사상을 강조하였다.

오답 피하기

① 통일 신라 신문왕이 교육 기관인 국학을 설립하였다.

② 원효의 아들인 설총이 이두를 정리하였다.

④ 통일 신라의 승려 의상이 화엄 사상을 주장하였다.

⑤ 6두품 출신의 유학자 최치원이 통일 신라 진성 여왕에게 「시무 10여 조」를 올렸다.

02 발해의 문화유산

정답 찾기

⑤ 불국사 다보탑은 신라의 문화유산이다.

오답 피하기

①, ②, ③, ④ 모두 발해의 문화유산이다.

03 경주 불국사 삼층 석탑

(1) 통일 신라 때 건립된 경주 불국사 삼층 석탑이다.
(2) 경주 불국사 삼층 석탑에서 발견된 무구정광대다라니경
은 현재 남아있는 가장 오래된 목판 인쇄물이다.

04 최치원

정답 찾기

④ 6두품 출신의 유학자 최치원은 당의 빈공과에 합격하였
으며, 신라에 돌아온 후 진성 여왕에게 「시무 10여 조」를
올렸다.

오답 피하기

① 강수는 6두품 출신으로 외교 문서를 잘 지어 당에 여러
외교 문서를 보냈다.
② 설총은 6두품 출신이자 원효의 아들로 알려져 있으며,
이두를 정리하였다.
③ 고려의 유학자인 김부식은 『삼국사기』를 저술하였다.

배운 내용으로 빈칸 채우기

07 고대 국가 사람들은 어떻게 살았을까?
① 진대법 ② 정사암 회의 ③ 골품제

08 고구려와 백제의 문화유산
① 무령왕릉 ② 미륵사지 석탑 ③ 금동 대향로

09 신라와 가야의 문화유산
① 돌무지 덧널무덤 ② 분황사 모전 석탑 ③ 첨성대

10 통일 신라와 발해의 문화유산
① 원효 ② 의상 ③ 국학 ④ 주자감

 1권을 끝까지 해낸 나의 소감 써보기

하나!

설쌤의 쉽고 재미있는 동영상 강의를
홈페이지에서 만나보세요!

오픈아이

QR코드로 간편하게
접속하세요!

둘!

설쌤과 직접 소통하는
내 손안의 배움 놀이터

지금 앱 다운로드하고 설쌤을 직접 만나세요!

방과 후 PLAY 앱 설쌤

셋!

누구나 쉽고 재미있게!

설민석의 한국사 대모험   설민석의 세계사 대모험

설민석의 초등 한국사 ①

정답과 해설

초등학교

학년   반   번

이름

어린이제품 안전 특별법에 의한 기타표시사항

제품명 도서 | 제조자명 (주)단꿈아이
제품국명 대한민국 | 사용연령 7세이상
전화번호 031-623-1145
주소 경기 성남시 분당구 판교로 242, C동 701-2호
이 제품은 KC 안전기준을 통과하였습니다